"中国企业社会责任报告编写指南(CASS-CSR3.0)"
系列丛书的出版得到了下列单位的大力支持：

（排名不分先后）

中国南方电网公司
中国华电集团公司
华润（集团）有限公司
三星（中国）投资有限公司

"中国企业社会责任报告编写指南（CASS-CSR3.0）之电力供应业"
的出版得到了以下单位的大力支持：

中国南方电网公司

中国企业社会责任报告编写指南3.0
之 电力供应业

中国社会科学院经济学部企业社会责任研究中心

钟宏武/顾问

张闽湘　顾　一/等著

授权应用推广：中星责任云

社会责任报告
全生命周期管理指南

经济管理出版社
ECONOMY & MANAGEMENT PUBLISHING HOUSE

图书在版编目（CIP）数据

中国企业社会责任报告编写指南 3.0 之电力供应业/张闽湘等著. —北京：经济管理出版社，2015.5
ISBN 978-7-5096-3779-1

Ⅰ.①中…　Ⅱ.①张…　Ⅲ.①企业责任—社会责任—研究报告—写作—中国 ②电力工业—工业企业管理—社会责任—研究报告—写作—中国　Ⅳ.①F279.2　②H152.3

中国版本图书馆 CIP 数据核字（2015）第 100860 号

组稿编辑：陈　力
责任编辑：杨国强　张瑞军
责任印制：黄章平
责任校对：超　凡

出版发行：经济管理出版社
　　　　　（北京市海淀区北蜂窝 8 号中雅大厦 A 座 11 层　100038）
网　　址：www. E-mp. com. cn
电　　话：（010）51915602
印　　刷：三河市延风印装有限公司
经　　销：新华书店
开　　本：720mm×1000mm/16
印　　张：13.75
字　　数：247 千字
版　　次：2016 年 7 月第 1 版　2016 年 7 月第 1 次印刷
书　　号：ISBN 978-7-5096-3779-1
定　　价：68.00 元

《中国企业社会责任报告编写指南 3.0 之电力供应业》专家组成员

（按姓氏拼音排名）

顾　一 （中国社会科学院经济学部企业社会责任研究中心项目一部部长，项目
秘书）

关　岚 （中国南方电网公司农电部综合处主管）

贺小柏 （中国南方电网公司战略部副主任）

阚伟民 （中国南方电网公司科技部综合管理处副处长）

李保平 （中国南方电网公司市场部综合处处长）

李恒锋 （中国南方电网公司办公厅综合处副处长）

刘静萍 （中国南方电网公司战略部主任）

罗海华 （中国南方电网公司计划部综合处主管）

马天舒 （中国南方电网公司物资部综合处副处长）

唐光旭 （中国南方电网公司工会办公室主任）

汪　杰 （中国社会科学院经济学部企业社会责任研究中心副主任）

王娅郦 （中国社会科学院经济学部企业社会责任研究中心主任助理）

吴宇霆 （中国南方电网公司安监部综合管理处主管）

薛宇伟 （中国南方电网公司战略部社会责任处处长）

杨　申 （中国南方电网公司人资部综合处主管）

余文辉 （中国南方电网公司设备部综合管理处副处长）

翟利峰 （中国社会科学院经济学部企业社会责任研究中心副主任）

张　蕙 （中国社会科学院经济学部企业社会责任研究中心常务副主任）

张闽湘 （中国社会科学院经济学部企业社会责任研究中心项目六部部长）

张伟元 （中国南方电网公司战略部社会责任处主管）

钟宏武 （中国社会科学院经济学部企业社会责任研究中心主任）

朱学文 （中国南方电网公司基建部综合处处长）

开启报告价值管理新纪元

　　透明时代的到来要求企业履行社会责任，及时准确地向利益相关方披露履行社会责任的信息。目前，发布社会责任报告已日益成为越来越多的企业深化履行社会责任、积极与利益相关方沟通的载体和渠道，这对于企业充分阐释社会责任理念、展现社会责任形象、体现社会责任价值具有重要的意义。作为中国第一本社会责任报告编写指南，指南的发展见证了我国企业社会责任从"懵懂发展"到"战略思考"的发展历程。2009年12月，中国社会科学院经济学部企业社会责任研究中心发布了《中国企业社会责任报告编写指南（CASS-CSR1.0）》（简称《指南1.0》），当时很多企业对"什么是社会责任"、"什么是社会责任报告"、"社会责任报告应该包括哪些内容"还存在争议。所以《指南1.0》和《指南2.0》定位于"报告内容"，希望通过指南告诉使用者如何编写社会责任报告、社会责任报告应该披露哪些指标。指南的发布获得了企业的广泛认可和应用，2013年，参考指南编写社会责任报告的企业数量上升到了195家。

　　5年过去了，我国企业社会责任报告领域发生了深刻变革，企业社会责任报告的数量从2006年的32份发展到了2013年的1231份；报告编写质量明显提升，很多报告已经达到国际先进水平。同时，企业在对社会责任的内涵及社会责任报告的内容基本达成共识的基础上，开始思考如何发挥社会责任报告的综合价值，如何将社会责任工作向纵深推进。

　　为适应新时期新形势要求，进一步增强指南的国际性、行业性和工具性，中国社会科学院经济学部企业社会责任研究中心于2012年3月启动了《中国企业社会责任报告编写指南（CASS-CSR3.0）》（简称《指南3.0》）的修编工作，在充分调研使用者意见和建议的基础上，对《指南3.0》进行了较大程度的创新。总体而言，与国内外其他社会责任倡议相比，《指南3.0》具有以下特点：

　　（1）首次提出社会责任报告"全生命周期管理"的概念。企业社会责任报告既是企业管理的工具，也是与外部利益相关方沟通的有效工具。《指南3.0》定位于通过对社会责任报告进行全生命周期的管理，充分发挥报告在加强利益相关方沟通、提升企业社会责任管理水平方面的作用，可以最大程度发挥报告的综合价值。

（2）编制过程更加科学。只有行业协会、企业积极参与到《指南3.0》的编写中，才能使《指南3.0》更好地反映中国企业社会责任实际情况。在《指南3.0》的修编过程中，为提升分行业指南的科学性和适用性，编委会采取"逐行业编制、逐行业发布"的模式，与行业代表性企业、行业协会进行合作，共同编制、发布分行业的编写指南，确保《指南3.0》的科学性和实用性。

（3）适用对象更加广泛。目前，我国更多的中小企业越来越重视社会责任工作，如何引导中小企业社会责任发展也是指南修编的重要使命。《指南3.0》对报告指标体系进行整理，同时为中小企业使用指南提供了更多的指导和工具。

（4）指标体系实质性更加突出。《指南3.0》在编写过程中对指标体系进行了大幅整理，在指标体系中更加注重企业的法律责任和本质责任，将更多的指标转变为扩展指标，更加注重指标的"实质性"。

《中国企业社会责任报告编写指南（CASS-CSR3.0）》是我国企业社会责任发展的又一重大事件，相信它的推出，必将有助于提高我国企业社会责任信息披露的质量，有助于发挥社会责任报告的综合价值，也必将开启社会责任报告价值管理的新纪元！

2014年1月

目 录

管 理 篇

总 论 篇

第一章 电力供应业社会责任

电力供应业指利用电网出售给用户电能的输送与分配活动，以及供电局的供电活动，包括供电、售电和电能的输送与分配活动。电网是国民经济基础设施和重要的公用事业，具备电力传输、配送的网络功能和作为电能交易平台的市场功能。电力供应业作为我国工业的重要组成部分，为我国经济社会的持续、稳定和健康发展做出了卓越的贡献。

一、电力供应业在国民经济中的地位

（一）电力供应业为国民经济稳健增长提供坚实保障

电力消费与国内生产总值之间呈正相关关系，国内生产总值的提高，往往以更多电力消耗为基础。据统计，2014 年我国国内生产总值为 636463 亿元，同比增长 7.4%。而 2014 年，全社会用电量累计 55232 亿千瓦时，同比增长 3.8%。数据表明，2001~2012 年，我国 GDP 平均每增长 1%，需要电力消费的增长率为1.13%。由此可见，电力供应业为经济的增长提供了充足的电力保证。分产业看（见表 1-1），第一、第二、第三产业用电量持续增加，其中第三产业用电量增长最快，增长率为 6.4%，第二产业作为国民经济的支柱，用电量占产业用电量73.6%，增长率为 3.7%，电力供应业的重要性不言而喻。电力消费固然离不开电力工业的持续高效生产，然而稳定低耗的电力供应业更为国民经济增长提供源源不竭的动力。

表 1-1　2014 年全国电力工业统计数据

指标名称	计算单位	全年累计	
		绝对量	增长率（%）
全国全社会用电量	亿千瓦时	55232	3.8
其中：第一产业用电量	亿千瓦时	994	-0.2
第二产业用电量	亿千瓦时	40650	3.7
工业用电量	亿千瓦时	39930	3.7
轻工业用电量	亿千瓦时	6658	4.2
重工业用电量	亿千瓦时	33272	3.6
第三产业用电量	亿千瓦时	6660	6.4
城乡居民生活用电量	亿千瓦时	6928	2.2
全国线路损失率	%	6.34	-0.4
电网基本建设投资完成额	亿元	3646	-5.8
新增 220 千伏及以上变电设备容量	万千伏安	22394	12.9
新增 220 千伏及以上线路回路长度	千米	36085	-7.3

数据来源：国家能源局网站。

（二）电力供应业给予区域经济协调发展以重大助力

多年以来，我国的区域经济发展呈现出一种明显的"以点带面"、"由外及内"梯度发展态势，从最早的 4 个经济特区到 14 个沿海开放城市，从珠三角、长三角的建设到西部大开发、东北老工业基地振兴和中部崛起等国家战略先后提出，区域发展政策几乎覆盖了我国每一寸国土。电力供应业由于其全方位覆盖、跨地域输送的行业特性，打破空间地区限制，能够将经济社会发展的重要能源动力——电力输送到每一个角落，在推进我国区域经济协调发展的过程中发挥了重大助力。据统计，截至 2014 年 12 月 31 日，南方电网 2014 年西电东送电量达1713 亿千瓦时，同比增长 30%，其中水电占比为 70%，为实现东西部省区协调发展和互利共赢做出了积极的贡献。

（三）电力供应业为人民生活水平提高创造有利条件

19 世纪 70 年代，电力的发明和应用不仅掀起了第二次工业化高潮，而且彻底地改变了人们的生活。从某种意义上说，电力的安全稳定供应是社会物质财富丰富的重要标志之一。数据表明，2014 年，我国城乡居民生活用电量为 6928 亿千瓦时，同比增长 2.2%。历时来看，2001~2012 年，我国人均电力消耗也在逐步攀升（见图 1-1），电力需求持续旺盛。随着互联网时代的到来，信息化办公、数字化生活、移动互联社交让我们对电力有了更多的需求和更高的要求。人们不论是学习工作还是生活，都离不开电力的安全、稳定输送。电力供应业为人民生活水平提高创造了极为便利的条件，让人民尽享信息时代的舒适与便捷。

(千瓦小时)

图 1-1　2001~2012 年中国人均电力消费量

数据来源：《中国统计年鉴》(2014)。

(四) 电力供应业为国民经济打造国际竞争力 "出力"

中共十八大报告提出，要 "全面提高开放型经济水平。适应经济全球化新形势，必须实行更加积极主动的开放战略，完善互利共赢、多元平衡、安全高效的开放型经济体系"。企业 "走出去" 不仅是全球经济一体化的必然要求，更是国家提升国际竞争力、企业获得全球性行业话语权的必由之路。电力供应业作为国有重点行业，不仅有实力也有义务加入到全球一体化的竞争和合作中来，不断促进我国开放型经济的纵深发展。

当前，电力供应业 "走出去" 面临重大发展契机。2014 年亚太经合组织 (APEC) 工商领导人峰会中，国际电工委员会 (IEC) 副主席指出，在中国国家主席习近平提出的 "一带一路" 战略构想下，中国与周边国家实现电力基础设施互联互通成为现实选择。目前，中国与周边国家已建成 18 条跨国输电通道。周边国家能源资源丰富，与中国互补性强，电网互联互通潜力大。可以预见，电力供应行业不仅将实现跨国电网互联互通，未来还将在新能源、储能以及大电网运行控制等领域推进技术创新，使各参与国之间实现技术共享，共赢与发展。这不仅能够提高行业的国际影响力，更可以为国民经济打造国际竞争力添砖加瓦。

二、电力供应业履行社会责任的意义

中共十八大对企业履行社会责任，建设美丽中国提出了要求。中共十八届四中全会将企业社会责任上升到立法高度。企业积极响应国家政策，努力承担社会责任，这对经济社会的发展具有十分重要的意义。

（一）电力供应业履行社会责任是对企业社会责任立法的先行落实

中共十八届四中全会后出台的《关于依法治国若干重大问题决定》中明确指出，要"加强企业社会责任立法"。这是中共中央首次将企业社会责任上升到立法的高度，也是新时期下对企业履行社会责任，打造负责任企业形象提出的新标准和新要求。

电力供应业积极履行社会责任，不仅是对国家正式立法的先行落实，更是基于先进社会责任实践的进一步提升与发展。《企业社会责任蓝皮书（2014）》报告显示：电力行业社会责任发展指数为 65.1 分，整体已达到四星级水平，在该书的 14 个重点行业中名列第一。此外，南方电网和国家电网包揽中国 300 强企业社会责任发展指数排名的前两名。作为履行社会责任的先进行业，电力供应业不仅有能力同时也有义务通过行业践行社会责任，推动中国企业社会责任发展与前行。

（二）电力供应业履行社会责任是对建设美丽中国的积极响应

中共十八大提出，要"把生态文明建设放在突出地位，融入经济建设、政治建设、文化建设、社会建设各方面和全过程，努力建设美丽中国"。中共十八届三中全会也要求"紧紧围绕建设美丽中国深化生态文明体制改革，加快建立生态文明制度，健全国土空间开发、资源节约利用、生态环境保护的体制机制，推动形成人与自然和谐发展现代化建设新格局"。2014 年，国家出台了《能源行业大气污染防治工作方案》等一系列环保政策，并从 2015 年开始实施新的《环保法》，重点治理大气雾霾，坚持源头严防、过程严管、后果严惩，对环保违法实行"零容忍"。现在，环境承载能力已经达到或接近极限，人们对清新空气、清澈水质、清洁环境的需求越来越迫切，这一趋势性变化对电力供应业提出了更高要求。

作为环境敏感性行业，电力供应业可能会在发电、输电、变电、配电、用电、调度等环节给环境带来消极影响。如在电网建设过程中，可能对当地生态多样性造成破坏等。电力供应业应以绿色电力服务生态文明建设，做好自身节能减排工作，主动担负服务电源侧、电网侧和客户侧节能减排的责任。进入"十二五"建设时期以来，电力供应业致力于加强智能电网建设，努力实现绿色发展。通过开展配电网建设，以及风光储输联合运行、大规模风电/光伏发电的功率预测及运行控制等智能电网工程建设，将清洁能源不断地输送到城市与农村中，很大程度上减少了温室气体排放，从而推动了行业绿色发展、循环发展、低碳发展。

（三）电力供应业履行社会责任是对促进国民经济又好又快发展的大力践行

工业、服务业在国民经济中占据极为重要的地位。根据国家统计局统计数据，2014 年国内生产总值为 636463 亿元，同比增长 7.4%。分产业看，第三产业增加值增长 8.1%，快于第二产业的 7.3%，也快于第一产业的 4.1%，体现了我国产业结构的进一步优化。电力供应作为第二、第三产业发展的重要能源保障，对于整体国民经济的快速发展具有重大影响。近年来，我国电力供应业努力向智能、高效、可靠、绿色方向发展，不仅让工业生活每一度用电"更绿"，同时也促进了整个工业生产能源使用结构的优化，进而打造"品质好的 GDP"。电力供应业积极履行社会责任，为国民经济提供可靠、可信赖的能源供应，是国民经济又好又快发展的重要保证。

（四）电力供应业履行社会责任是新常态下调结构稳增长的转型手段

2014 年 5 月，习近平总书记在河南考察时指出："我国发展仍处于重要战略机遇期，我们要增强信心，从当前我国经济发展的阶段性特征出发，适应新常态，保持战略上的平常心态。"以新常态来判断当前中国经济的特征，并将之上升到战略高度，表明中央对当前中国经济增长阶段变化规律的认识更加深刻，正在对宏观政策的选择、行业企业的转型升级产生方向性、决定性的重大影响。

2015 年 3 月 15 日,《中共中央国务院关于进一步深化电力体制改革的若干意见》新鲜出炉,电力改革再次启程。电力体制改革将推动电力行业形成"有法可依、政企分开、主体规范、交易公平、价格合理、监管有效"的市场体制,对我国能源安全和经济社会发展具有重大影响。在电力行业改革新业态下,电力供应业应顺应改革大潮,推动企业转型和产业升级,实现行业整体转型升级,实现新一轮跨越发展。

电力供应业以创新驱动为发展动力,以实现经济环境社会协调发展为目标,应打破以往高能耗高投入的发展模式,逐步走上绿色、低碳、高效的可持续发展道路。以国家电网为例,截至 2014 年 9 月底,国家电网公司依托大电网服务新能源发展,实现新能源并网装机突破 1 亿千瓦,其中,风电 7799 万千瓦、太阳能发电 1835 万千瓦,目前已成为世界风电并网规模最大、太阳能发电增长最快的电网。正是立足于新时期新形势,电力供应业以履行社会责任为抓手,方能实现转型升级、可持续发展。

三、电力供应业社会责任特征及要求

在社会责任履行过程中,各行各业呈现出不同的履责特征和要求,提出了差别化的社会责任议题。电力供应业发展离不开利益相关者的支持,电网企业的运营也离不开对资源环境的利用,在安全可靠供电、节能减排、科技创新和智能电网、供应链责任等方面表现出了不同的特征和履责要求。

(一) 安全可靠供电

电力和能源是重要的生存资源,是经济和社会发展的基本条件,是国家竞争力的重要组成部分,对经济、社会和环境的全面协调健康发展影响巨大。电力供应业肩负着十分重要的使命和责任,为国家经济社会可持续发展提供安全、稳定、可靠、优质的电力保障,是电力供应业的核心责任。

中国的电力发展已步入了大电网、大机组、高参数、超高压和自动化、信息化的新阶段,电力已成为经济发展和人民生活中不可或缺的生产资料和生活资料，保证安全可靠的电力供应至关重要。电网瓦解和大面积停电事故不仅会造成巨大的经济损失，影响人民的正常生活，还会危及公共安全，造成严重的社会影响。

我国电力工业正处在深化改革、加快发展的关键时期，改革、发展和稳定的任务繁重而艰巨，在为经济发展和人民群众生活提供安全、可靠电力供应方面肩负着重要的责任。电网既是电力市场的载体，又是关系到国计民生、涉及国家安全和社会稳定的基础设施，电网企业在保证电网安全方面发挥着重要作用，担负着重大责任。

作为国有绝对控股的电网企业，政府和社会对其积极承担社会责任有着很高的期望。保证电网安全关系重大，必须始终放在企业各项工作的首位。电网企业必须考虑国家的整体利益，发电、输电、配电和经营电力需要有高度的责任感并切实落实到涵盖该领域活动的所有企业和全体员工。要认真研究电力系统的安全问题，完善应急处理机制，确保电力生产和输配的安全。同时，在深入分析研究的基础上，采取有效措施，加快发展，强化管理，确保电网安全、稳定、经济运行，保障可靠供电，从而满足经济社会发展和人民生活的需要，促进可持续发展，为全面建设小康社会做出新的、更大的贡献。

(二) 节能减排

中共十八大以来，习近平总书记对生态文明建设做出了一系列重要论述，包含尊重自然、谋求人与自然和谐发展的价值理念和发展理念，为努力建设美丽中国、实现中华民族永续发展、走向社会主义生态文明新时代指明了方向。保护生态环境，关系广大人民的根本利益，关系中华民族发展的长远利益，既事关发展方式，又事关人民福祉，只有筑牢保护生态环境的制度防护墙，"美丽中国"梦想才能成真。

全球能源正处于大调整、大变革时期，气候变化成为能源发展的重要约束，电力在能源体系中的中心地位不断提升，可再生能源、非常规油气已进入大规模应用阶段，能源发展的趋势呈现出清洁化、低碳化、多元化、智能化特征。当前我国仍面临能源安全、环境污染、新能源发展等突出问题，特别是近年来东中部地区出现的严重雾霾天气，解决能源科学发展问题已刻不容缓。电网作为能源电力可持续发展的中心环节，在现代能源供应体系中发挥着不可替代的作用。建设绿色电网，推动全社会节能减排，促进企业与社会、环境全面协调可持续发展，是电力供应业的时代责任。电网企业应该利用节能环保产业的广阔发展空间，加快清洁能源发展，加大减排技术创新，推动节能技术改造，提升能源利用率，走上一条清洁高效、低碳环保的可持续发展之路。

为细化落实《能源行业加强大气污染防治工作方案》，2014 年，国家能源局分别与国家电网公司、南方电网公司签署《大气污染防治外输电通道建设任务书》（以下简称《任务书》）。根据《任务书》要求，国家能源局与两大电网公司将加快推进内蒙古锡盟经北京、天津至山东特高压交流输变电工程等 12 条大气污染防治外输电通道建设。两大电网公司分别制订所属项目进度计划，明确年度工作目标与任务，落实责任人，确保项目如期建成投产。

实施节能减排升级与改造行动计划是广大电网企业义不容辞的历史责任，这是立足国内，牢牢掌握能源安全主动权的必然选择，也是推进生态文明，建设资源节约型、环境友好型社会的战略抉择，更是推动能源技术革命、带动产业升级、实现创新发展的现实需要。电网企业应该深刻地认识节能减排升级与改造的重大意义，切实提高使命感、责任感和紧迫感，开拓创新、敢于担当、主动作为、善有作为。

（三）科技创新和智能电网

电网的发展离不开科技进步，科技创新是企业生存发展的根本。当前时期，全球电力、能源发展处于大调整、大变革时期，呈现出清洁化、低碳化、多元化、智能化的特征。电力供应业要顺应发展趋势，加快科技体制改革，突出以创新支撑和推动产业结构优化。健全科技成果转化和产业化的体制机制，推进能源生产革命、消费革命、技术革命和体制革命，推动能源空间布局和结构优化。电网企业要进一步加强科技创新管理，走创新发展道路，大力转变能源发展方式，充分发挥科技奖励的激励与引导作用，围绕培育大成果，统筹做好项目研发、过程管控、成果推广、科技奖励、知识产权、技术标准等各环节的有效管理，提升公司创新实力，创造出更多与国有大型企业地位相匹配的大成果。

电能无法储存并且必须以稳定的电压及频率即时输送，电网建设因此对电网企业而言至关重要，电网企业应始终关注输电网和配电网的业务。为贯彻落实《国家中长期科学和技术发展规划纲要（2006~2020 年）》和《国家"十二五"科学和技术发展规划》，2012 年 3 月 27 日，科学技术部印发《智能电网重大科技产业化工程"十二五"专项规划》。2013 年 9 月，国家能源局发布了《南方电网发展规划（2013~2020 年)》，这也是国内首个"十三五"电网发展规划，明确提出了未来南方电网发展的主要目标之一：推广建设智能电网。由此可见，我国智能电网的建设已经上升至国家战略层面的高度。

智能电网建设是根据我国能源负荷消纳地域分布特点，适应我国当前和未来社会发展所采取的电网发展方式，对各类能源，尤其是大规模风电和太阳能发电的计入及送出适应性强，能够实现能源资源的大范围、高效率配置。智能电网目前在学术层面没有统一的定义，但大家对智能电网的认识是趋同的。智能电网是以电力流、信息流为主线，涵盖电力系统，包括发电、输电、变电、配电、用电、调度等各个环节整体的系统解决方案。与现有电网相比，智能电网体现出电力流、信息流和业务流高度融合的显著特点。

2009 年，国家电网公司首次公布了"智能电网"发展计划，发布了"坚强智能电网"愿景及建设路线图，提出将在 2020 年前完成智能电网改造。南方电网公司在 2010 年 7 月提出"建设一个覆盖城乡的智能、高效、可靠的绿色电网"。目前，智能电网建设已经进入了一个新的阶段，智能电网发展未来路还很长，而未来智能电网更重视发挥智能电网的网络经济效益和电网数据价值。电网企业应致力于构建覆盖城乡的智能、高效、可靠的电网体系，为国民经济的发展奠定更坚实的能源保障，为提升国家的国际竞争力和影响力做出贡献。

（四）供应链责任

伴随着信息技术、网络技术的迅猛发展，以全球化、信息化、网络化、数字化为显著特征的新经济时代已经来临。电网企业的社会责任不能局限于企业自身，必须把责任延伸到供应链层面，才能最大程度地促进整个电力供应业的履责绩效。

供应链是围绕核心企业，通过对信息流、物流、资金流的控制，从采购原材料开始，制成中间产品以及最终产品，最后由销售网络把产品送到消费者手中的将供应商、制造商、分销商、零售商，直到最终用户连成一个整体的功能网链结构。一方面，随着我国经济的高速发展，资源短缺、生态环境恶化等问题日益显现，作为产业供应链核心的电网企业在消耗资源的同时，也要通过对供应链的管理实现资源的保护，与供应商、分包商共同为客户提供品质优良的环境友好产品；另一方面，保障供应链上员工的权益也是电网企业的责任所在。电网企业要严格规范供应链的劳工管理，规避供应链的劳工使用违规违法问题，切实保障每一位员工的基本权益。

第二章　电力供应业社会责任报告特征

相比国内其他行业，电力供应业社会责任发展处于领先阶段，但是相比国际电力供应业社会责任报告历史而言，国内电力供应业发布社会责任报告起步较晚。国际电力供应业对行业内企业履行社会责任的关注较早，社会责任报告历史比较悠久。鉴于此，分析国内外电力供应业社会责任报告的特征和发展趋势，通过借鉴和学习国际电网企业的社会责任报告和实践经验，有助于进一步提升我国电力供应业的社会责任水平。

一、国际电力供应业社会责任报告特征

企业社会责任报告是企业非财务信息披露的重要载体，它披露了企业经营活动对经济、环境和社会等领域造成的直接和间接影响，企业取得的成绩及不足等信息，是企业与利益相关方沟通的重要桥梁。随着节能环保、职业健康与安全等问题越来越引起社会的关注，传统的以股东利益最大化为目标的运营方式已经不能满足当前的市场需求，这推动了越来越多的企业履行社会责任，回应利益相关方的期望。因此，国际上出台了企业社会责任报告编写指南，为企业社会责任报告的编制提供了科学规范的指导建议。

根据 2014 年《财富》世界 500 强，本书选取了排名前 5 位的国际电网企业作为分析的样本企业。国际电力供应业社会责任报告基本信息如表 2-1 和表 2-2 所示，5 家国际电网企业的简介如表 2-3 所示。

表 2-1　国际电力供应业社会责任报告基本信息 1（2014 年）

500 强排名	企业名称	总部所在地	营业收入（百万美元）	首份社会责任报告	首份报告页码
1（18）	意昂集团（E.ON）	德国	162560.0	2004 年	95
2（56）	意大利国家电力公司（ENEL）	意大利	106915.2	2002 年	95
3（70）	法国电力公司（EDF）	法国	100355.7	2001 年	64
4（139）	东京电力公司（TEPCO）	日本	66194.4	2005 年	61
5（212）	韩国电力公司（KEPCO）	韩国	49072.9	2005 年	82

表 2-2　国际电力供应业社会责任报告基本信息 2（2014 年）

企业名称	报告名称[1]	参考标准	页码	报告发展历程	第三方审验
E.ON	2013 可持续发展报告	G4 ISAE3000[2]	259	2004~2010 年：企业社会责任报告 2011~2013 年：可持续发展报告	普华永道（PWC）
ENEL	2013 可持续发展报告	G4	216	1999~2007 年：环境报告 2002~2013 年：可持续发展报告	安永（EY）
EDF	2013 活动报告	G4 UNGC	102	1999 年：环境报告 2001~2002 年：年度报告 2003~2008 年：可持续发展报告 2009~2012 年：活动和可持续发展报告 2013 年：活动报告	FTSE4Good[3] CDP[4] OEKOM[5] VIGEO[6] RobecoSAM[7]
TEPCO	2014 年度报告	G4 AA1000	65	1992~2011 年：环境行动报告 2012 年：环境指标绩效报告 2004~2014 年：年度报告 2013~2014 年：东京电力行动计划——为担负福岛全部责任而制	安永（EY）
KEPCO	2014 可持续发展报告	G4 ISO26000	96	2005~2014 年：可持续发展报告	韩国生产力中心（KPC）

---

① 截至《指南》出版前，目标企业发布的报告为其最新的社会责任报告。

② ISAE3000 是由国际审计与鉴证准则委员会（International Auditing and Assurance Standard Board，IAASB）发布的在国际上影响力最大的审验标准之一。

③ 富时社会责任指数。

④ CDP 碳信息披露。

⑤ 德国社会责任投资评级机构。

⑥ 法国 ESG 咨询、评级机构。

⑦ 专注于可持续性投资的专业投资机构，每年发布《可持续性年鉴》，会回顾企业上一年度的可持续性表现，并按照金、银、铜奖的等级对企业进行排名，59 个行业中表现最为出色的公司会被授予"RobecoSAM 行业领跑者"（RobecoSAM Industry Leader）称号。

表 2-3 国际电网企业简介（5 家）

企业名称	企业简介
E.ON	德国意昂集团（E.ON）成立于 1999 年，其业务以欧洲范围内的天然气、电力为主，是欧洲最大的电力公司。E.ON 在企业社会责任方面取得的成绩独具特色，开展一系列的企业社会责任创新活动，使企业社会责任绩效进步显著。在 2014 年《财富》世界 500 强排名中列第 18 名
ENEL	意大利国家电力公司（ENEL）成立于 1962 年，是意大利最大的发电供电商，旗下主要有电力和天然气两大业务分支。ENEL 作为欧洲唯一通过 ISO14001 认证的能源企业之一，长期致力于改善环境，近 10 年来每年都发布环保报告，并在 2002 年以后每年同时发布"可持续发展报告"。在 2014 年《财富》世界 500 强排名中列第 56 位
EDF	法国电力公司（EDF）成立于 1946 年，是世界上最大的核能电力运营商，是法国及英国电力市场的领军者。EDF 共有三大核心业务：发电工程、电网建设以及电力销售和交易。EDF 是全球企业社会责任实践的先行者，担负着实现国家能源战略等责任，关注与促进全球可持续发展，以全球视野关注和实践气候变化、能源使用和生物多样化的保护等各种社会责任议题。在 2014 年《财富》世界 500 强中排名第 70 位
TEPCO	东京电力公司创立于 1951 年，是日本一家集发电、输电和配电于一体的大型电力企业，也是亚洲最大电力企业。TEPCO 是日本收入最高的电力公司，也是全球最大的民营核电商。东京电力公司在日本 3·11 大地震前，保持了很高的供电可靠性。在 2014 年《财富》500 强中排名 139 位
KEPCO	韩国电力公司成立于 1898 年，也被称为韩国电力公社，是韩国目前唯一的电力公司，致力于各种开发电力资源项目的建设。KEPCO 主要以输电、配电与电力销售为主要业务，其经营思想是倡导"电力文化"在丰富多彩的社会生活中起主导作用，通过电力生产和供给为国民经济发展做贡献。在 2014 年《财富》世界 500 强企业中排名第 212 位

从国际电力供应业发布企业社会责任报告的基本情况和趋势来看，国际电力供应业社会责任报告具有以下五个特征：一是报告内容完整，全面反映了企业履行经济、社会和环境责任的绩效；二是报告议题具有实质性，聚焦于电力供应、环境保护、社会贡献和科技创新等议题；三是报告指标具有前瞻性，关注碳信息披露、水资源管理、保护生物多样性等指标；四是报告形式创新，从报告设计、报告框架和报告表达方式等方面提升了报告质量；五是报告编制科学，严格参照国际标准披露信息，并且均聘请了第三方专门机构审验报告。

（一）报告内容完整，全面反映了企业履行经济、社会和环境责任的绩效

报告内容的完整性体现在两个方面，一是报告结构的完整性，二是报告指标的覆盖面广，这主要表现在国际电力供应业从发布单一报告发展到发布综合性报告，报告越来越全面反映企业履行经济、社会和环境责任的绩效，披露指标更加全面。如表 2-2 所示，意大利国家电力公司（ENEL）从最初的环境报告到涵盖

战略方针，为全员提供可持续能源，责任治理，环境责任，对社区、客户、人民、员工和供应链的社会责任等内容的可持续发展报告，逐渐建立了完善的信息披露系统，满足了利益相关方对企业的期望。法国电力公司（EDF）自 1999 年开始发布环境报告，从公司简介、可持续发展承诺、顾客服务和模范态度等方面阐述了公司的表现，已初具可持续发展报告的规模。之后，法国电力公司从 2001 年开始发布年度报告之可持续发展，高度重视通过社会责任报告及相关报告向公众和利益相关方披露公司的相关信息、社会责任进展及绩效，极大地满足了利益相关方对企业的期望。

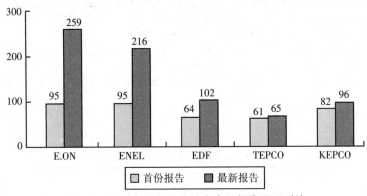

图 2-1　国际电力供应业社会责任报告页码对比

　　报告内容的完整性还体现在报告页数的增多。如图 2-1 所示，我们可以看到，国际电网企业的社会责任报告篇幅较多，相比首份社会责任报告，涨幅较大。其中，意昂集团（E.ON）从首份的 95 页到 2013 年的 259 页，一定程度上反映了意昂集团社会责任报告内容更加完整。同时，根据表 2-1 和表 2-2 我们可以发现，国际电网企业社会责任报告历史较悠久，首份社会责任报告出现较早，意昂集团（E.ON）、意大利国家电力公司（ENEL）、法国电力公司（EDF）、东京电力公司（TEPCO）和韩国电力公司（KEPCO）均拥有 10 年以上的报告发布历史。其中，法国电力公司（EDF）自 2001 年首份社会责任报告发布至今，已经连续 13 年向社会披露社会责任信息，表现了法国电力公司对利益相关方的履责愿望，为电力供应业同行企业树立了良好的榜样。

（二）报告议题具有实质性，聚焦于电力供应、环境保护、社会贡献和科技创新等议题

如表 2-4 所示，我们可以看到，国际电力供应业社会责任报告聚焦于电力供应、环境保护、社会贡献、科技创新、员工责任和供应链管理等实质性议题。同时，国际电力供应业议题更加聚焦，除了电力供应行业本身的行业责任——保障安全稳定的电力供应外，尤其关注环境和社会领域议题。

表 2-4　国际电力供应业社会责任报告聚焦的实质性议题（2012~2014 年）

关键议题	E.ON	ENEL	EDF	TEPCO	KEPCO
电力供应	√	√	√	√	√
环境保护	√	√	√	√	√
社会贡献	√	√	√	√	√
科技创新	√	√	√	√	√
员工责任	√	√	√	√	√
供应链管理	√	√	√	√	√
反能源贫困			√		
智能电网			—		

环境保护方面，国际电力供应业普遍关注减少温室气体（碳）排放、可再生能源、保护生物多样性、水资源管理、放射性物质排放和工业垃圾处理等议题。法国电力公司（EDF）在电力供应方面的环保经验是无可比拟的，其目标是成为从生产到消费全过程中二氧化碳排放量最少的供电机构，包括提供具有竞争力的能源解决方略，帮助客户节约能源从而减少其碳排放，向有困难的民众提供解决方案，优化"生产供应消费"链条。意昂集团（E.ON）从 2004 年发布社会责任报告以来，形成了自己完整的指标体系，包括气体排放、废弃物排放、能源、水管理等都做了具体而详细的要求，且定量信息较多，定性描述较少，报告内容多披露公司履行社会责任的具体措施和实际效果，为利益相关方带来更高的价值。表 2-5 展示了意昂集团环境方面的部分关键指标，意昂集团对这些关键指标的重要数据进行了连续 3 年持续单独的披露并邀请第三方审验机构进行核实。

社会贡献方面，国际电力供应业披露了促进当地社会社区发展、帮助发展中国家发展能源事业、本地化运营、增加就业和反能源贫困等议题的信息。意大利国家电力公司（ENEL）积极承担社会责任，对外展示其作为公共服务企业的表

表 2–5　意昂集团环境部分关键指标

环境绩效	
碳排放	发电供热产生的碳排放
	欧盟碳排放额度
	意昂集团碳排放强度
	意昂集团"碳足迹"
环境管理	环境相关的事故数量
	根据国际核事故分级标准（INES）测量发生的事故数量
	环境保护措施规定与类似的责任条款
废气排放	SO_2 排放强度
	NO_x 排放强度
	微粒物排放
提高资源效率	灰烬与熔渣的综合利用（处理量与恢复量）
	石膏的综合利用（处理量与恢复量）
废弃物	无危险废弃物（处理量与恢复量）
	危险废弃物（处理量与恢复量）
	核燃料废弃物（处理量与恢复量）
水管理	取水总量
	新鲜水消费
	淡水与盐水的流入

率，积极向合作伙伴传授在发电和输配电领域里的经验，包括其作为一个公共服务企业把对社会和环境的责任置于首要位置的经验，并以可持续发展方针指引所属公司围绕缓解气候变化，普及能源使用，实施经营区域内就近供电政策。

值得一提的是，国际电力供应业社会责任报告还对负面信息做了系统、详细的披露。东京电力公司（TEPCO）自 2011 年 3 月福岛核辐射发生以后，暂时停止发布可持续发展报告，取而代之的是为担负核泄漏事件全部责任而制作的《2014 东京电力 Action Plan》（简称"行动计划"）。该行动计划中包含了东电集团面对福岛事件的使命与承诺，详细阐述了东电复兴福岛的计划和措施、福岛第一核电站的废炉举措以及如何进一步确保核能安全等。

（三）报告指标具有前瞻性，关注碳信息披露、水资源管理、保护生物多样性等指标

从表 2-6 我们可以进一步发现，国际电力供应业社会责任报告的指标体现了前瞻性，重点关注可持续发展的前沿领域，如碳信息披露、水资源管理、保护生

物多样性、反能源贫困等指标。法国电力公司（EDF）在 2013 年的可持续发展指南手册中提出了温室气体排放和水资源管理等指标，并在社会层面提出反能源贫困和帮助发展中国家发展能源事业等指标，在社会责任领域的关注呈现出前瞻性的特点。同时，法国电力公司还邀请了 CDP 碳信息披露为其碳信息披露评级，表明其自 2010 年以来碳信息披露得分和在同行业中碳信息披露排名等概况。

表 2-6　国际电力供应业社会责任报告关键议题的趋势与亮点（2012~2014 年）

关键议题	重点与趋势
电力供应	电网建设、电力销售贸易、电力安全、能源教育、客户服务、提供能源解决方案、反能源贫困等
环境保护	减少温室气体（碳）排放、可再生能源、保护生物多样性、水资源管理、放射性物质排放、工业垃圾处理等
社会贡献	促进当地社会社区发展、帮助发展中国家发展能源事业、本地化运营、增加就业等
科技创新	智能电网、能源创新（提升住宅能源的效率）等
员工责任	职业健康安全、职业培训、平衡生活工作、反就业歧视、民主管理、丰富企业文化等
供应链管理	诚信经营、守法合规，禁止腐败、侵犯人权和欺诈等

（四）报告形式创新，从报告设计、报告框架和报告表达方式等方面提升了报告质量

报告设计方面，国际电力供应业社会责任报告封面设计凸显了报告主题，充分体现了企业战略。如韩国电力公司（KEPCO）2014 年的可持续发展报告的封面主题为"智能，绿色，幸福"。其中，智能对应能源，绿色对应世界，幸福对应生活，表达了韩国电力公司的社会责任观，也传达了韩国电力公司的企业战略。同时，报告设计的创新性还体现在报告的色彩风格与企业 LOGO 保持一致，如法国电力公司（EDF）2013 年的活动报告内的设计与公司 LOGO 相呼应。

报告框架方面，国际电力供应业社会责任报告多采用了利益相关方的编制框架，报告主体按照议题逻辑进行披露。如意大利国家电力公司（ENEL）2013 年的可持续发展报告的主体部分分别披露了其为社会提供可持续能源，对政府、环境、人和社会等方面的履责概况。

报告表达方式方面，国际电力供应业社会责任报告的表达方式丰富，不局限于叙述方式，还增加了以"问答"形式来阐述企业履责概况。如法国电力公司（EDF）2013 年的活动报告中，以问答形式阐述了董事长面谈的内容，有效地拉近了与读者的距离。在与董事长面谈中，法国电力公司共设计了 6 个问答题，分

别是：EDF 在 2013 年取得了很多可喜的成绩，其中最让您满意的是什么；目前，欧洲电力整个大环境都处于很困难的阶段，您如何解释 EDF 仍然相对繁荣；作为欧洲第一的电力公司您认为 EDF 对整个能源市场具有怎样的改善作用；像 EDF 这样的大型工业化公司是如何提供公共服务的；EDF 在国际化发展上的愿景是什么，通过怎样的方法实现；EDF 在经济、工业、科技、人力等方面的未来几年的规划是什么。

（五）报告编制科学，严格参照国际标准披露信息，并且均聘请了第三方专门机构审验报告

国际电网企业近年来发布的社会责任报告都严格参照国际标准披露信息，结构规范，具有较好的可比性。以意昂集团（E.ON）为例，在编写报告过程中，意昂集团始终坚持遵循全球报告倡议组织（GRI）的框架，以此确保内容的完整性和结构的规范性，在披露范围、披露时间、披露内容、编制形式等与前后各期保持一致，使得报告具有横向可比性，这使得意昂集团的报告达到了 GRI3.0 的最高类别，即应用水平类的 A+级。以意大利国家电力公司（ENEL）2013 年的可持续发展报告为例，报告介绍了意大利国家电力公司的社会责任实践及社会责任规划，系统且完整地披露了经济绩效、环境绩效和社会绩效，指标表详尽地展现了近年来其在各个绩效指标的数据。同时，国际电网企业遵循统一国际标准，这也使其与同行业内其他公司具有相同的项目和指标，具有一定的横向可比性。

国际电网企业均聘请第三方专门机构对报告进行审验，具有较高的可信度，如东京电力公司（TEPCO）在报告中增加了安永（EY）会计事务所提供的独立审验报告。法国电力公司（EDF）则积极制定并起草《法国电力公司 2013 年对社会责任的 11 项承诺》和《法国电力公司 2013 年可持续发展指南手册》等公司规章文件规范和监督企业发布报告的可信度，同时邀请了富时社会责任指数（FTSE4Good），CDP 碳信息披露（CDP），德国社会责任投资评级机构（OEKOM），法国 ESG 咨询、评级机构（VIGEO）和专注于可持续性投资的专业投资机构 RobecoSAM 5 家评级机构从不同方面、不同侧重点共同评级法国电力公司 2013 年的活动报告，以保证发布的社会责任报告的可信度。

二、国内电力供应业社会责任报告特征

通过回顾和研究国内电力供应业近两年来发布社会责任报告的情况可以发现：发布社会责任报告的企业数量不断增加，报告的整体质量略有下降，电力供应业越来越重视企业社会责任报告的编制、质量与发布。

（一）企业发布社会责任报告的数量逐步增加

国内电力供应业中，2013 年发布的企业社会责任报告共计 15 份（见表 2-7），相对于 2012 年发布的 9 份，增加了 6 份，总体上增加了 66.7%。对比两年的数据可知，除了常规发布的电网集团公司外，电网分公司也加大了企业社会责任报告的发行力度。15 份企业社会责任报告中，有 3 份是第一次发布，4 份是第二次发布。由此可见，国内电力供应业对企业社会责任报告的认同度在不断增强。

表 2-7　国内电力供应业发布社会责任报告的企业名单（2013 年）

序号	企业名称	企业性质	报告份数	2012 年报告页数
1	国家电网公司	国有企业	8	112
2	中国南方电网公司	国有企业	6	86
3	国家电网山东电力集团公司	国有企业	4	72
4	浙江省电力公司	国有企业	7	68
5	国家电网江西省电力公司	国有企业	2	60
6	广州供电局有限公司	国有企业	2	56
7	陕西省地方电力（集团）有限公司	国有企业	3	56
8	广州发展实业控股集团股份有限公司	国有企业	5	85
9	国家电网黑龙江鹤岗电业局	国有企业	1	46
10	四川广安爱众股份有限公司	国有企业	5	19
11	四川西昌电力股份有限公司	国有企业	2	19
12	国家电网宁夏固原供电局	国有企业	1	60
13	中国南方电网贵州电网公司	国有企业	4	54
14	深圳供电局有限公司	国有企业	1	60
15	国家电网北京市电力公司	国有企业	2	60

数据来源：《中国企业社会责任报告白皮书（2013）》。

（二）企业发布社会责任报告的质量整体不高，呈两极分化

1. 社会责任报告平均质量略有下降，两极分化严重

2013 年，国内电力供应业发布的企业社会责任报告综合得分为 56.6 分，总体处于三星级水平，相对于 2012 年综合得分 63.4 分，下降了 6.8 分。在报告星级质量分布方面，2013 年五星级报告 2 份，四星级报告 1 份，三星半级报告 2 份，共占总体的 1/3，二星级及以下报告占总体的 26%，所占比例较大；2012 年，五星级报告 2 份，三星半级报告 4 份，占总体 2/3，二星级及以下所占比例较 2013 年较低。换言之，2013 年首次发布报告整体质量不高，因此拉低了当年报告的平均得分，多数报告水平集中在三星级及以下。由此可见，国内电力供应

表 2-8   电力供应业发布社会责任报告评价结果（2013 年）

序号	企业名称	创新性	可读性	可比性	平衡性	实质性	完整性	综合评分
1	国家电网公司	五星级	五星级	四星半	五星级	五星级	四星半	★★★★★
2	中国南方电网公司	五星级	五星级	五星级	四星级	五星级	四星半	★★★★★
3	浙江省电力公司	四星半	四星级	三星级	二星级	四星半	三星半	★★★★
4	国家电网山东电力集团公司	二星级	三星半	二星级	三星半	四星级	三星半	★★★☆
5	中国南方电网贵州电网公司	三星级	四星级	二星级	三星级	四星级	三星半	★★★☆
6	国家电网黑龙江鹤岗电业局	三星半	三星半	一星级	三星级	三星级	二星级	★★★
7	国家电网江西省电力公司	四星级	四星级	四星半	二星级	二星级	二星级	★★★
8	广州供电局有限公司	三星半	四星级	一星级	一星级	三星半	三星级	★★★
9	深圳供电局有限公司	四星级	四星半	一星级	二星级	三星半	二星级	★★★
10	陕西省地方电力（集团）有限公司	四星级	三星级	一星级	二星级	四星级	二星级	★★★
11	国家电网北京市电力公司	二星级	四星级	二星级	二星级	四星级	二星级	★★★
12	国家电网宁夏固原供电局	二星级	四星级	二星级	二星级	二星级	二星级	★★
13	四川西昌电力股份有限公司	一星级	二星级	一星级	三星级	四星级	二星级	★★
14	广州发展实业控股集团股份有限公司	二星级	二星级	二星级	一星级	二星级	一星级	★
15	四川广安爱众股份有限公司	一星级	一星级	一星级	一星级	二星级	一星级	★

数据来源：《中国企业社会责任报告白皮书（2013）》。

业需要对有意向发布社会责任报告的地方电网公司或者下属企业统一行业标准，加强企业社会责任的指导与规划。

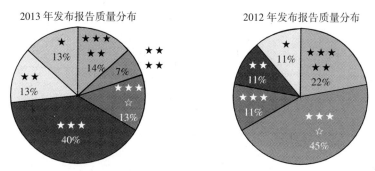

图 2-2　国内电力供应业社会责任报告质量分布对比（2012~2013 年）

2. 创新性、实质性得分有所提升，平衡性下降最大

国内电力供应业 2013 年发布的企业社会责任报告六大性质得分高低不一（见图 2-3）。与 2012 年相比，创新性与实质性相对有所提升：创新性提升 7 分，从二星级上升到三星级水平，可见企业在履行社会责任的管理或实践披露方面有不同程度的创新；实质性提升 3.3 分，幅度不大，但体现了企业更加注重实质性议题的披露，进一步回应利益相关方的关注点。然而，可读性、可比性、平衡性和完整性均有一定程度的下降，尤其以平衡性得分下降最大，可见电网企业未能充分及时披露实质性的负面信息。此外，可读性、可比性以及完整性得分下降，更加凸显行业社会责任报告编写指南的紧迫性，同时也正是本书在行业内学习、借鉴、推广的价值与意义所在。

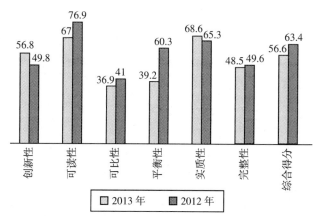

图 2-3　国内电力供应业社会责任报告六性得分对比（2012~2013 年）

第三章　电力供应业社会责任议题

电力供应业具备自身行业特征，社会责任议题的一般指标并不能完全说明或衡量电力供应业的企业社会责任绩效。因而，在社会责任议题一般指标的基础之上，我们研究开发了反映行业特性的指标体系。按照社会责任议题一般框架，通用指标体系由报告前言、责任管理、市场绩效、社会绩效、环境绩效与报告后记六部分组成（见图3-1）。而电力供应业社会责任指标体系在市场绩效、社会绩效和环境绩效方面与通用指标体系大有不同。

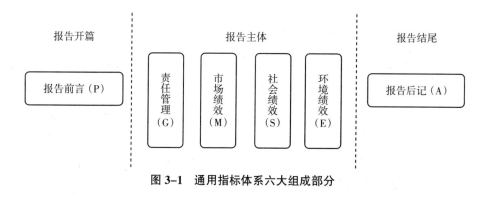

图3-1　通用指标体系六大组成部分

一、市场绩效（M系列）

表3-1　市场绩效

一般框架指标		电力供应业指标	
股东责任（M1）	股东权益保护	电力供应（ES）	可靠供电
	财务绩效		安全生产
			客户服务

续表

一般框架指标		电力供应业指标	
股东责任（M1）		电力供应（ES）	电网建设
			应急管理
			科技创新
客户责任（M2）	基本权益保护	运营绩效（OP）	经营业绩
	产品质量		伙伴共赢
	产品服务创新		
	客户满意度		
伙伴责任（M3）	促进产业发展		
	价值链责任		
	责任采购		

二、社会绩效（S 系列）

表 3-2　社会绩效

一般框架指标		电力供应业指标	
政府责任（S1）	守法合规	政府责任（SP1）	守法合规
	政策响应		政策响应
员工责任（S2）	基本权益保护	员工责任（SP2）	基本权益保护
	薪酬福利		薪酬福利
	平等雇佣		平等雇佣
	职业健康与安全		职业健康与安全
	员工发展		职业发展
	员工关爱		员工关爱
安全生产（S3）	安全生产管理	社区责任（SP3）	本地化运营
	安全教育与培训		服务"三农"
	安全生产绩效		社会公益
社区参与（S4）	本地化运营		
	公益慈善		
	志愿者活动		

三、环境绩效（E 系列）

表 3-3　环境绩效

一般框架指标		电力供应业指标	
绿色经营（E1）	环境管理体系	环境管理（EP1）	环境管理体系
	环保培训		绿色办公
	环境信息公开		
	绿色办公		
绿色工厂（E2）	能源管理	节能减排（EP2）	电源侧节能减排
	清洁生产		电网侧节能
	循环经济		客户侧节能
	节约水资源		
	减少温室气体排放		
绿色产品（E3）	绿色供应链	绿色生态（EP3）	保护生物多样性
	绿色低碳产品研发		生态恢复与治理
	产品包装物回收再利用		水土保持
绿色生态（E4）	生物多样性		
	生态恢复与治理		
	环保公益		

指 标 篇

第四章　报告指标详解

《中国企业社会责任报告编写指南 3.0 之一般框架》中报告指标体系所包含的指标是未考虑行业特征性社会责任议题的一般指标，是分行业指标体系的基础。指标体系由六大部分构成：报告前言（P）、责任管理（G）、市场绩效（M）、社会绩效（S）、环境绩效（E）和报告后记（A），如图 4-1 所示。

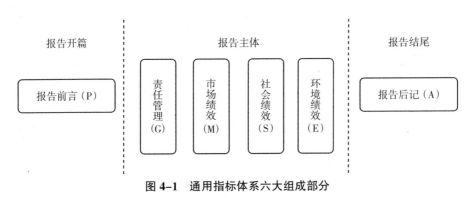

图 4-1　通用指标体系六大组成部分

《中国企业社会责任报告编写指南 3.0 之电力供应业》指标体系由报告前言（Report Preface，RP）、责任管理（Responsibility Management，RM）、电力供应（Electricity Supply，ES）、运营绩效（Operating Performance，OP）、社会绩效（Social Performance，SP）、环境绩效（Environment Performance，EP）以及报告后记（Report Afterword，RA）七个领域的 217 个指标组成，其中，核心指标 143 个，扩展指标 65 个，涵盖了《可持续发展报告指南》通用指标（GRI G4）、电力行业补充指标（GRI EL）、联合国全球契约十项原则（UNGC）、《中国社会责任报告编写指南（CASS-CSR2.0)》之电力供应业和南方电网社会责任指标体系（CSG-CSR1.0）的大部分指标，并结合电力供应业的社会责任实践经验和工作实际，增加了体现电网企业特色的社会责任指标。本指标体系仅供电网企业编写社会责任报告参考使用，企业可以根据实际情况进行调整。

一、报告前言（RP系列）

本板块依次披露报告规范、报告流程和高管致辞。

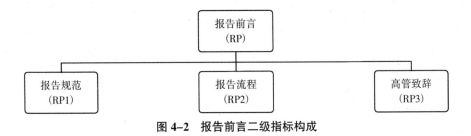

图 4-2　报告前言二级指标构成

（一）报告规范（RP1）

扩展指标　RP1.1 报告质量保证程序

指标解读： 规范的程序是社会责任报告质量的重要保证。报告质量保证程序是指企业在编写社会责任报告的过程中通过什么程序或流程确保报告披露信息正确、完整、平衡。

一般情况下，报告质量保证程序的要素主要包括：

（1）报告是否有第三方认证以及认证的范围；

（2）企业内部的哪个机构是报告质量的最高责任机构；

（3）在企业内部，报告的编写和审批流程。

示例：

声　明

国家电网公司努力保证报告内容的实质性、平衡性、全面性，系统阐述企业追求经济、社会、环境综合价值最大化的意愿、行为、绩效、承诺及未来改进。我们保证报告信息的真实性、客观性、及时性。我们希望通过发布报告等方式，加强沟通、促进合作，增进利益认同、情感认同、价值认同，凝聚可持续发展合力。

2014 年 2 月

——《国家电网公司 2013 年社会责任报告》扉页一

核心指标 RP1.2 报告信息说明

指标解读：该指标主要包括第几份社会责任报告、报告发布周期、报告参考标准和数据说明等。

示例：

本报告是南方电网公司发布的第七份社会责任年度报告。上一份报告在 2013 年 5 月 15 日发布，下一份报告计划在 2015 年 5 月发布。报告分中、英文两种版本，本着客观、规范、透明、全面的原则，披露公司安全优质供电以及经济、环境、社会等方面的工作绩效。内容上如有细微出入，请以中文版为准。

● 时间范围

2013 年 1 月 1 日至 2013 年 12 月 31 日，为增强报告可比性及前瞻性，部分内容有所延伸。

● 编制依据

南方电网公司社会责任指标体系（CSG–CSR1.0）。

● 参照依据

国务院国资委《关于中央企业履行社会责任的指导意见》（国资发研究〔2008〕1 号）；

中国社科院《中国企业社会责任报告编写指南》（CASS–CSR3.0）；

全球报告倡议组织《可持续发展报告指南》（GRI G4）；

中国工业经济联合会《中国工业企业及工业协会社会责任指南》；

中国可持续发展工商理事会《中国企事业社会责任推荐标准和实施范例》。

● 数据来源

报告中所使用的数据均来自公司或外部正式发表的文件和报告。

——《中国南方电网 2013 年企业社会责任报告》P75

核心指标　RP1.3 报告边界

指标解读：该指标主要指报告信息和数据覆盖的范围，如是否覆盖下属企业、合资企业以及供应链。由于各种原因（如并购、重组等），一些下属企业或合资企业在报告期内无法纳入社会责任报告的信息披露范围，企业必须说明报告的信息边界。此外，如果企业在海外运营，需在报告中说明哪些信息涵盖了海外运营组织；如果企业报告涵盖供应链，需对供应链信息披露的原则和信息边界做出说明。

示例：

● **报告边界**

以"南方电网公司"为主体，包括所属分、子公司及直属机构。

——《中国南方电网 2013 年企业社会责任报告》P75

核心指标　RP1.4 报告体系

指标解读：该指标主要指公司的社会责任信息披露渠道和披露方式。社会责任信息披露具有不同的形式和渠道。部分公司在发布社会责任报告的同时发布国别报告、产品报告、环境报告、公益报告等，这些报告均是企业披露社会责任信息的重要途径，企业应在社会责任报告中对这些信息披露形式和渠道进行介绍。

核心指标　RP1.5 联系方式

指标解读：该指标主要包括解答报告及其内容方面问题的联络人及联络方式以及报告获取方式及延伸阅读。

示例：

● **延伸阅读**

考虑到报告应兼顾传承和创新，我们努力避免本报告与以往报告中知识点和部分议题重复，建议您登录公司网站 www.csg.cn，参阅公司历年报告，以及 2013 年广东电网公司、广西电网公司、云南电网公司、贵州电网公司、海南电网公司、广州供电局、深圳供电局社会责任实践分册等材料，以便对南方电网公司的社会责任工作获得更加立体的感知。

● 报告版本索取

您可以在我们的网站上下载本报告的电子文本，如对报告内容有疑问或者需要纸质版报告，请发邮件至 csr@csg.cn，或致电 （020）38121917。

——《中国南方电网 2013 年企业社会责任报告》P75

（二）报告流程（RP2）

扩展指标　RP2.1 报告编写流程

指标解读：该指标主要指公司从组织、启动到编写、发布社会责任报告的全过程。完整、科学的报告编写流程是报告质量的保证，也有助于利益相关方更好地获取报告信息。

示例：

本报告编制跨越 2012 年、2013 年、2014 年三个年度，经历策划部署、专业服务、撰写发布三大阶段。

2012年	11月至12月 策划部署	成立报告编制小组 成立由战略策划部负责牵头组织，其他部门、各分子公司共同参与的报告编制小组，主要负责报告撰写、统筹协调、综合统稿、总结评价等工作 报告编制启动培训 召开报告编制启动会，组织报告编制培训，讲解国内外社会责任管理现状、社会责任报告发展趋势，确定报告编制目标 利益相关方沟通 与客户、供应商、合作伙伴、媒体、社区公众等利益相关方进行交流，了解利益相关方对公司社会责任工作的期望和要求，倾听他们对社会责任报告的意见和建议 识别实质性议题 依据国内外社会责任报告主流编制依据（GRI G4、CASS-CSR3.0）以及南方电网公司社会责任指标体系（CSG-CSR 1.0），梳理报告披露议题，明确利益相关方高度关注、与公司可持续发展紧密相关的实质性议题
2013年	1月至12月 专业服务	跟踪前准备 建立监控体系，确保监控体系能够达到指标设定的预期目标 指标跟踪 跟踪、监控、收集关键绩效指标执行情况 提供支持与服务 组织各部门收集、交流社会责任实践案例，为各部门提供社会责任方面的专业服务

2014 年	1 月 至 5 月	资料收集整理 确定报告重点，整理报告资料，优化报告框架 报告制作 撰写报告、设计报告、印刷报告 报告发布 在公司社会责任周活动上正式发布社会责任报告
	撰写发布	
		发挥三大作用　传播理念　改进实践　提升管理

——《中国南方电网 2013 年企业社会责任报告》P84

核心指标　RP2.2 报告实质性议题选择程序

指标解读：该指标主要指在社会责任报告过程中筛选实质性议题的程序、方式和渠道，同时也包括实质性议题的选择标准。企业在报告中披露实质性议题选择程序，对内可以规范报告编写过程，提升报告质量，对外可以增强报告的可信度。

示例：

2013 年报告议题确定方法

● 社会责任报告议题收集

我们继续通过多种方式收集报告议题。

- 管理层建议社会责任议题；
- 内外部专家分析提出议题；
- 向各单位收集社会责任议题；
- 向外部利益相关方收集议题；
- 对标社会责任标准中的议题；
- 社会责任报告议题确定。

我们继续应用"价值创造—社会关注"二维矩阵选择报告议题。

- 对综合价值创造结果影响显著的议题；
- 关键利益相关方高度关注的议题；
- 社会普遍关注的议题；
- 社会责任标准普遍强调的议题；

● 公司重点沟通的电网企业特色议题。

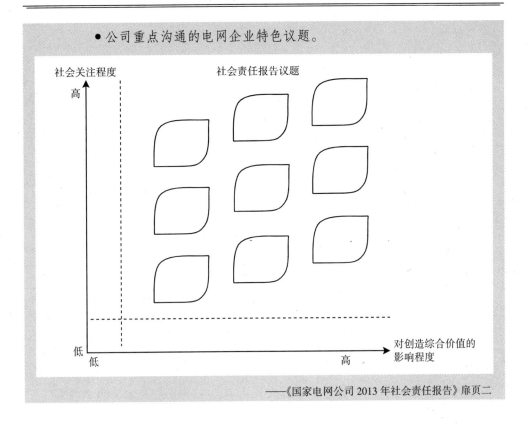

——《国家电网公司 2013 年社会责任报告》扉页二

扩展指标　RP2.3 利益相关方参与报告编写过程的程序和方式

指标解读：该指标主要描述利益相关方参与报告编写过程的程序和方式。利益相关方参与报告编写的程序和方式包括但不限于：

（1）利益相关方座谈会；

（2）利益相关方访谈与调研；

（3）利益相关方咨询等。

（三）高管致辞（RP3）

高管致辞是企业最高领导对企业社会责任工作的概括性阐释。高管致辞代表了企业最高领导人（团队）对社会责任的态度和重视程度。包括两个方面的内容。

核心指标　RP3.1 企业履行社会责任的机遇和挑战

指标解读：该指标主要描述企业实施社会责任工作的战略考虑及企业实施社会责任为企业带来的发展机遇。

示例：

党的十八届三中全会对全面深化改革做出重大战略部署，必将进一步解放和发展社会生产力和创造力。当前，随着新能源技术、智能技术、信息技术、网络技术的创新突破，第三次工业革命正在孕育发展。我国能源和电力可持续发展面临前所未有的重大历史机遇。深入贯彻落实三中全会精神，加快建设坚强智能电网，在新一轮工业革命中把握历史机遇、抢占发展先机、赢得竞争优势，推动我国能源安全发展、清洁发展、环保发展、友好发展，服务全面建成小康社会，实现中华民族伟大复兴的中国梦，是国家电网公司最根本、最重要、最迫切的社会责任。

能否牢牢把握第三次工业革命的历史机遇，将很大程度上决定我国在未来全球竞争中的地位。与前两次工业革命不同的是，中华民族已经走上伟大的复兴之路，我国新能源、智能电网发展均走在世界前列，在新一轮能源变革中处于有利地位，具备了在第三次工业革命中勇立潮头、引领发展的条件。历史不应重演，机遇稍纵即逝。能源电力行业要自觉承担起历史重托，巩固和扩大我国在智能电网领域业已形成的优势，成为新一轮工业革命中的弄潮儿。国家电网公司将始终发挥责任央企的表率作用，加快发展智能电网，持续引领变革创新，为实现中华民族伟大复兴的中国梦积极贡献力量。

——《国家电网公司 2013 年社会责任报告》P4~5

核心指标 RP3.2 企业年度社会责任工作成绩与不足的概括总结

指标解读： 该指标主要指企业本年度在经济、社会和环境领域取得了哪些关键绩效，以及存在哪些不足和改进。

示例：

企业履行社会责任，是一项复杂的战略工程、系统工程和全员工程。过去几年，我们有序开展责任管理、责任实践、责任融合、责任传播和责任研究，形成了战略驱动型社会责任管理推进模式，由此形成的《战略驱动的社会责任管理》案例获评为中央企业十大最佳社会责任实践。

下一步，我们将继续深入实施《中央企业"十二五"和谐发展战略实施纲要》，深化社会责任管理提升要求，参照国际通行的社会责任标准和指南，从利益相关方关心和公司业务特点两个维度考虑，围绕公司核心责任、政治责任、基本责任、时代责任、特殊责任和共同责任六大责任，切实提升工作水平。同时，建立社会责任履行机制，将具体要求融入公司各层级、各专业、各岗位，让每一个人都参与到社会责任实践中来，在全社会营造"万家灯火　南网情深"的良好品牌形象。

——《中国南方电网 2013 年企业社会责任报告》扉页

二、责任管理（RM 系列）

有效的责任管理是企业实现可持续发展的基石。企业应该推进企业社会责任管理体系的建设，并及时披露相关信息。根据最新研究成果，[①] 企业社会责任管理（CSR）体系包括责任战略、责任治理、责任融合、责任绩效、责任沟通和责任能力六大部分。其中，责任战略的制定过程实际上是企业社会责任的计划（Plan—P）；责任治理、责任融合的过程实际上是企业社会责任的执行（Do—D）；责任绩效和报告是对企业社会责任的评价（Check—C）；调查、研究自己社会责任工作的开展情况、利益相关方意见的反馈以及将责任绩效反馈到战略的过程就是企业社会责任的改善（Act—A）。这六项工作整合在一起就构成了一个周而复始、闭环改进的 PDCA 过程，推动企业社会责任管理持续发展，如图 4-3 所示。

（一）责任战略（RM1）

社会责任战略是指公司在全面认识自身业务对经济社会环境影响、全面了解利益相关方需求的基础上，制定明确的社会责任理念、核心议题和社会责任规划，包括四个方面。

核心指标　RM1.1 社会责任理念、愿景及价值观

指标解读：该指标描述企业对经济、社会和环境负责任的经营理念、愿景及价值观。责任理念是企业履行社会责任的内部驱动力和方向，企业应该树立科学的社会责任观，勇于指导企业的社会责任实践。

[①] 该框架系国资委软课题"企业社会责任推进机制研究"成果，课题组组长：彭华岗，副组长：楚序平、钟宏武，成员：侯洁、陈锋、张璟平、张蕙、许英杰。

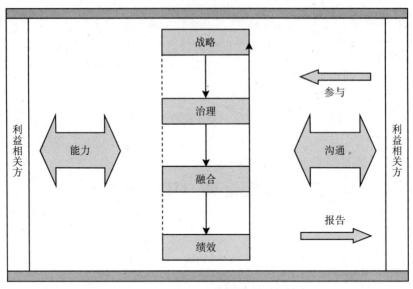

图 4-3　企业社会责任管理的六维框架

示例：

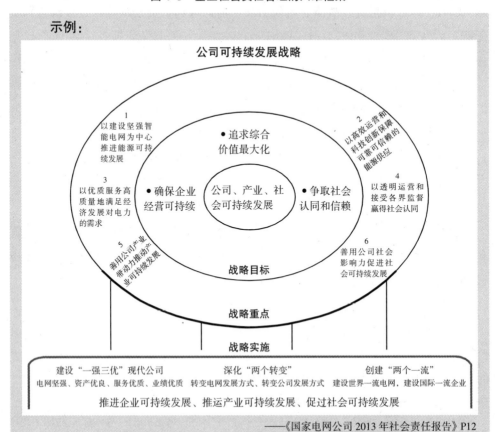

——《国家电网公司 2013 年社会责任报告》P12

扩展指标 RM1.2 企业签署的外部社会责任倡议

指标解读：企业签署外部社会责任倡议体现了其对社会责任的重视，同时，外部社会责任倡议也是公司履行社会责任的外部推动力。

示例：

公司自 2010 年加入联合国全球契约以来，在决策和运营中严格遵守全球契约十项基本原则的要求，积极参与和支持全球契约中国网络开展的各项活动。

——《中国南方电网 2013 年企业社会责任报告》P80

核心指标 RM1.3 辨识企业的核心社会责任议题

指标解读：该指标主要描述企业辨识社会责任核心议题的工具和流程，以及企业的核心社会责任议题包括的内容。企业辨识核心社会责任议题的方法和工具包括但不限于：

（1）利益相关方调查；

（2）高层领导访谈；

（3）行业背景分析；

（4）先进企业对标等。

示例：

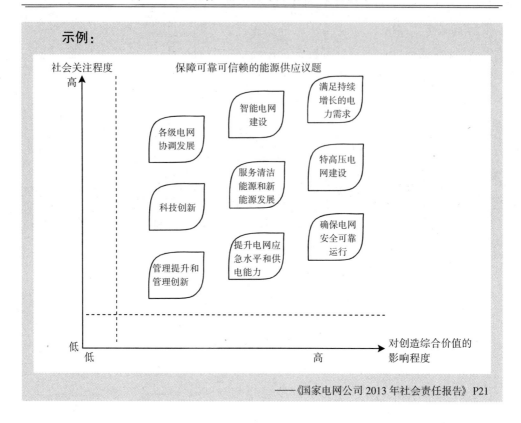

——《国家电网公司 2013 年社会责任报告》P21

扩展指标 **RM1.4 企业社会责任规划**

指标解读： 社会责任规划是企业社会责任工作的有效指引。本指标主要描述企业社会责任工作总体目标、阶段性目标、保障措施等。

（二）责任治理（RM2）

责任治理是指通过建立必要的组织体系、制度体系和责任体系，保证公司 CSR 理念得以贯彻，保证 CSR 规划和目标得以落实，包括 CSR 组织、CSR 制度等方面。

扩展指标 **RM2.1 社会责任领导机构**

指标解读： 社会责任领导机构是指由企业高层领导（通常是企业总裁、总经理等高管）直接负责的、位于企业委员会层面最高的决策、领导、推进机构，例如社会责任委员会、可持续发展委员会、企业公民委员会等。

示例：

公司制定《贯彻落实〈中央企业"十二五"和谐发展战略实施纲要〉工作方案》和《社会责任专项领域管理提升活动工作方案》，有章法地推进社会责任工作。

——《中国南方电网2013年企业社会责任报告》P69

扩展指标　RM2.2 利益相关方与企业最高治理机构之间沟通的渠道或程序

指标解读：利益相关方与最高治理机构之间的沟通和交流是利益相关方参与的重要内容和形式。企业建立最高治理机构和利益相关方之间的沟通渠道有助于从决策层高度加强与利益相关方的交流，与利益相关方建立良好的伙伴关系。

核心指标　RM2.3 建立社会责任组织体系

指标解读：本指标主要包括以下两个方面的内容：①明确或建立企业社会责任工作的责任部门；②企业社会责任工作部门的人员配置情况。

一般而言，社会责任组织体系包括三个层次：

（1）决策层，主要由公司高层领导组成，负责企业社会责任相关重大事项的审议和决策；

（2）组织层，企业社会责任工作的归口管理部门，主要负责社会责任相关规划、计划和项目的组织推进；

（3）执行层，主要负责企业社会责任相关规划、计划和项目的落实执行。

示例：

公司健全三级联动的社会责任组织体系。总部成立社会责任工作领导小组，在战略策划部设置社会责任工作处。分、子公司成立本单位的社会责任领导小组，设立社会责任科，基层供电局设置社会责任联络员。

——《中国南方电网2013年企业社会责任报告》P69

核心指标　RM2.4 社会责任组织体系的职责与分工

指标解读：由于社会责任实践由公司内部各部门具体执行，因此，在企业内部必须明确各部门的社会责任职责与分工。

扩展指标 **RM2.5 社会责任管理制度**

指标解读：社会责任工作的开展落实需要有力的制度保证。企业社会责任制度包括社会责任沟通制度、信息统计制度、社会责任报告的编写发布等制度。

示例：

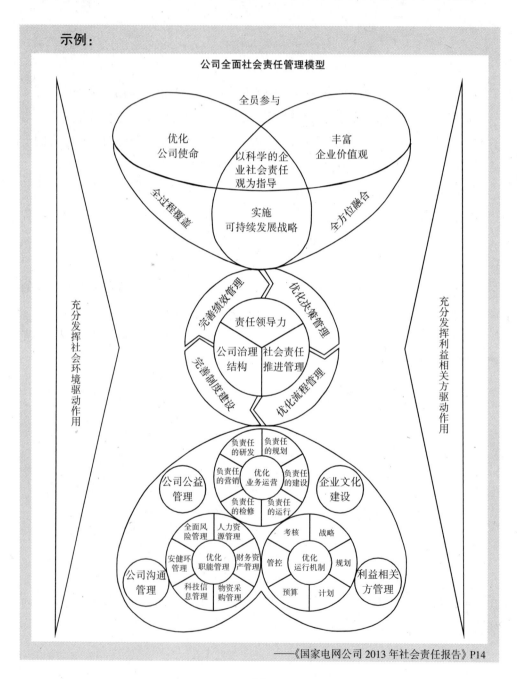

公司全面社会责任管理模型

——《国家电网公司 2013 年社会责任报告》P14

(三) 责任融合 (RM3)

责任融合是指企业将 CSR 理念融入企业经营发展战略和日常运营,包括两个方面。

扩展指标 RM3.1 推进下属企业社会责任工作

指标解读: 本指标主要描述企业下属企业的社会责任工作情况,包括下属企业发布社会责任报告、对下属企业进行社会责任培训、在下属企业开展社会责任工作试点、对下属企业社会责任工作进行考核与评比等。

示例:

公司认真落实《中央企业"十二五"和谐发展战略实施纲要》,提升社会责任管理,推动社会责任根植基层。各分、子公司围绕可靠供电、优质服务、节能减排等十个关键领域,开展了各具特色的责任实践项目。

——《中国南方电网 2013 年企业社会责任报告》P70

扩展指标 RM3.2 推动供应链合作伙伴履行社会责任

指标解读: 本指标包括两个层次:描述企业对合作机构、同业者以及其他组织履行社会责任工作的倡议;推进下游供应链企业的社会责任意识。

示例:

● 促进承包商提升管理水平

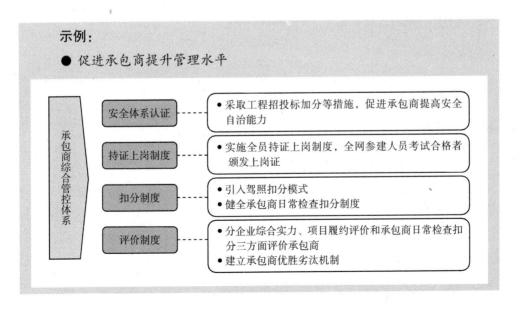

公司加强电建承包商安全管控，电网建设过程引入"5S"管理模式，促使承包商自发强化施工现场管理能力，提升现场安全作业水平，提高工程质量，减少施工过程对周边社区环境的影响。

——《中国南方电网 2013 年企业社会责任报告》P62

（四）责任绩效（RM4）

责任绩效是指企业建立社会责任指标体系，并进行考核评价，确保社会责任目标的实现，包括构建社会责任指标体系和社会责任考核评价等方面。

扩展指标　RM4.1 构建企业社会责任指标体系

指标解读：本指标主要描述企业社会责任评价指标体系的构建过程和主要指标。建立社会责任指标体系有助于企业监控社会责任的运行情况。

示例：

南方电网公司社会责任指标体系（CSG-CSR1.0）

——《中国南方电网 2013 年企业社会责任报告》P84

扩展指标　RM4.2 依据企业社会责任指标进行绩效评估

指标解读：本指标主要描述企业运用社会责任评价指标体系，对履行企业社会责任的绩效进行评价的制度、过程和结果。

示例：

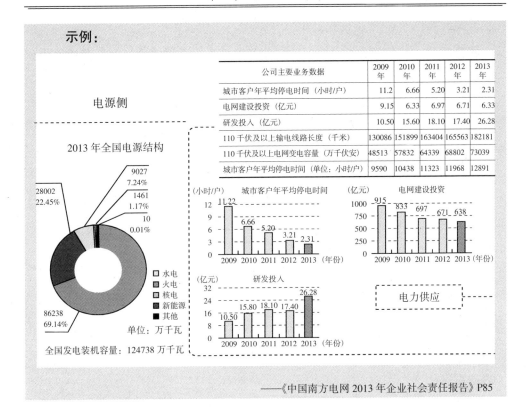

——《中国南方电网 2013 年企业社会责任报告》P85

扩展指标　RM4.3 开展企业社会责任优秀案例评选

指标解读：本指标主要描述企业内部的社会责任优秀单位、优秀个人评选或优秀实践评选相关制度、措施及结果。

核心指标　RM4.4 企业在经济、社会或环境领域发生的重大事故，受到的影响和处罚以及企业的应对措施

指标解读：如果报告期内企业在经济、社会或环境等领域发生重大事故，企业应在报告中进行如实披露，并详细披露事故的原因、现状和整改措施。

（五）责任沟通（RM5）

责任沟通是指企业就自身社会责任工作与利益相关方开展交流，进行信息双向传递、接收、分析和反馈，包括利益相关方参与、CSR 内部沟通机制和外部 CSR 沟通机制等方面。

核心指标 **RM5.1 企业利益相关方名单**

指标解读：利益相关方是企业的履责对象，企业必须明确自身经营相关的利益相关方，并在报告中列举利益相关方名单。

扩展指标 **RM5.2 识别及选择利益相关方的程序**

指标解读：由于企业利益相关方众多，企业在辨识利益相关方时必须采用科学的方法和程序。

核心指标 **RM5.3 利益相关方的关注点和企业的回应措施**

指标解读：本指标包含两个方面的内容：①对利益相关方的需求及期望进行调查；②阐述各利益相关方对企业的期望以及企业对利益相关方期望进行回应的措施。

示例：

利益相关方	期望与要求	沟通与回应方式	实例
 政府	遵纪守法 依法纳税 安全供电 国有资产保值增值 持续稳定回报	合规管理、主动纳税；执行国家能源政策、电价政策； 政企合作推进电网建设；加强日常管理； 接受监管考核；工作汇报及意见听取； 完善治理结构	广东电网公司与广东省珠海市人民政府签署《"十二五"电网建设战略合作协议》与《新能源项目建设战略合作协议》，围绕珠海建设"生态文明新特区、科学发展示范市"和"珠江口西岸核心城市"的目标，规划建设珠海电网，全力保障珠海电力供应
 员工	工资与福利保障 员工健康与安全 公平晋升与发展 员工关爱	及时足额发放工资、缴纳社保；拓宽员工参与管理的渠道； 提供健康的工作环境；组织健康安全培训和体检； 建立公平晋升机制；帮助困难员工； 实施员工辅导计划；建设幸福南网； 为女性员工提供特殊保护	深圳供电局实施"电励计划"非物质激励方案，对在"员工、电网、客户"三方面工作中有贡献的员工给予"电励徽章"奖励。员工可凭徽章换取电影票、茶具、带薪休假等12项奖励
 客户	减少停电时间 高质量电能供应 服务渠道畅通 便捷 提供节能指导	提供可靠供电；开展客户满意度管理； 创新服务模式，提升客户体验；电网建设与改造；技术与管理创新； 座谈与走访； 开展节能宣传，提供个性化节能服务	佛山供电局首次实施"履约保函"电费回收新举措。供电局、用电企业、银行三方签订协议，当企业未能按期缴清电费时，由银行一方先行垫付，企业归还银行借款及利息，实现供电局、用电企业、银行三方共赢

合作伙伴	信守承诺 公开、公平、公正采购 分享经验	公开采购信息；接受反馈意见；谈判与交流；开展项目合作；开展战略合作；开展责任采购	贵州电网公司联合贵州省相关大学和研究院，成立贵州省智能电网产业技术创新战略联盟，开展智能电网产业发展规划制定，启动关键技术及装备研发和产业化试点工作，形成产业链完善、创新能力突出、辐射带动作用强的智能电网产业基地
环境	节能减排、节约资源 应对气候变化 生态保护	节能发电调度；环境信息公开；环境影响评价；创新环保技术；发起低碳与能效管理倡议；实施绿色办公；促进电动汽车产业发展	公司在惠州抽水蓄能电站工程建设过程中坚持"边建设、边保护，边施工、边治理"理念，科学严格做好电站所在象头山自然保护区内植被生态恢复工作，努力建设绿色电站
社区与公众	社区公共事业发展 扶贫济困 社区交流与沟通	调查社区需求；社区教育与宣传；座谈与交流；加强对外网站建设；电网建设过程中充分与公众沟通；开展各类公益活动	广西电网公司围绕广西"整村推进"扶贫开发工作要求，加大对全国著名革命老区东兰县的对口帮扶力度，累计投入资金3422万元，实施农网改造等工程，培训农民生产技能，助推增产增收

——《中国南方电网2013年企业社会责任报告》P70

核心指标 **RM5.4 企业内部社会责任沟通机制**

指标解读：本指标主要描述企业内部社会责任信息的传播机制及媒介。企业内部社会责任沟通机制包括但不限于：

（1）内部刊物，如《社会责任月刊》、《社会责任通讯》等；

（2）在公司网站建立社会责任专栏；

（3）社会责任知识交流大会；

（4）CSR 内网等。

核心指标 **RM5.5 企业外部社会责任沟通机制**

指标解读：本指标主要描述企业社会责任信息对外部利益相关方披露的机制及媒介，如发布社会责任报告、召开及参加利益相关方交流会议、工厂开放日等。

示例：

公司创新开展主题为"责任接力　真情传递"的首个"社会责任周"活动，启动"责任南网行"调研，从可靠供电、优质服务、绿色环保、社会和谐等方面向社会做了全方位展示，通过宣传片、媒体、微博等沟通方式，多层次、多视角、立体地增加公司运营透明度，是公司有史以来开展社会责任沟通规模最大、方式最多、渠道最全的一次。

——《中国南方电网 2013 年企业社会责任报告》P71

核心指标　RM5.6 企业高层领导参与的社会责任沟通与交流活动

指标解读：本指标主要描述企业高层领导人参加的国内外社会责任会议，以及会议发言、责任承诺等情况。

示例：

舒印彪正式出任国际电工委员会副主席；在第 77 次大会上作题为"应对电能质量挑战——中国的实践和经验"的演讲，介绍中国电力概况和应对电能质量挑战的措施。

——《国家电网公司 2013 年社会责任报告》P73

（六）责任能力（RM6）

责任能力是指企业通过开展社会责任课题研究、参与社会责任交流和研讨活动提升组织知识水平；通过开展社会责任培训与教育活动提升组织员工的社会责任意识。

扩展指标　RM6.1 开展 CSR 课题研究

指标解读：由于社会责任是新兴课题，企业应根据社会责任理论与实践的需要自行开展社会责任调研课题，把握行业现状和企业自身情况，以改善企业社会责任管理，优化企业社会责任实践。

示例：

2013 年中央企业社会责任工作会议公布了 2013 年中央企业 50 项优秀

社会责任实践，公司"战略驱动的社会责任管理"、"群众利益放在前 支部联建促和谐"两个实践案例入选。其中，"战略驱动的社会责任管理"入选中央企业十大最佳社会责任实践案例。

——《中国南方电网2013年企业社会责任报告》P69

扩展指标 **RM6.2 参与社会责任研究和交流**

指标解读：本指标主要指企业通过参与国内外、行业内外有关社会责任的研讨和交流、学习、借鉴其他企业和组织的社会责任先进经验，进而提升本组织的社会责任绩效。

示例：

"2013国际智能电网论坛"由中国国家电网公司、国际电工委员会和德国电气工程师协会联合主办，于2013年9月23~25日在德国柏林召开。来自亚洲、欧洲、南北美洲、非洲的40多个国家的600余名代表参与会议，围绕"智能电网高层视野"主题进行了深入探讨。

——《国家电网公司2013年社会责任报告》P73

扩展指标 **RM6.3 参加国内外社会责任标准的制定**

指标解读：企业参加国内外社会责任标准的制定，一方面促进了自身社会责任相关议题的深入研究，另一方面提升了社会责任标准的科学性、专业性。

示例：

由公司发起的"高压直流系统运行导则"等三项国际电工委员会标准正式立项，"高压直流接地极设计通用技术导则"国际标准正式出版；主导发起的"物联网之无线传感器网络"白皮书项目在IEC市场战略局正式立项。由公司专家作为召集人，在国际大电网委员会发起的"B3.29特高压变电站现场试验"技术报告正式出版，"串联/并联补偿装置的运行经验"新工作组正式成立。由公司在电气与电子工程师学会标准协会发起的三项特高压交流标准完成工作组草案并投票通过。

——《国家电网公司2013年社会责任报告》P75

· 51 ·

核心指标　RM6.4 通过培训等手段培育负责任的企业文化

指标解读：企业通过组织、实施社会责任培训计划，提升员工的社会责任理念，使员工成为社会责任理念的传播者和实践者。

示例：

广大一线员工秉持责任理念，在深山巡线，在乡间抄表，在一线抢修，在深夜值班……在每一个平凡岗位上默默奉献。公司尊重每一位员工的辛勤付出，加强队伍建设，激发员工干事创业的积极性和主动性，增强员工荣誉感和归属感。

2013 年，公司举办首届员工表扬立功暨第三届"感动南网"评选活动，对在年度生产、经营、管理等工作中做出突出贡献的个人和集体开展表扬立功评审和表彰工作。对评选出的 5 个优秀集体和 7 名个人记一等功，对评选出的"感动南网"5 个团队和 10 名个人进行表彰。表扬立功活动以先进为镜，传承榜样精神，肯定员工价值，凝聚南网人的智慧和力量，推动每位员工在平凡岗位上践行"万家灯火　南网情深"的核心价值观。

——《中国南方电网 2013 年企业社会责任报告》P1

示例：

国网江苏电力举行"责任点亮美好生活"最佳履责实践发布会，在 130 余个管理实践案例基础上，经过筛选集中发布了 9 个社会责任最佳实践，向客户代表、政府代表、媒体代表汇报近年来履行社会责任的典型做法和成效。

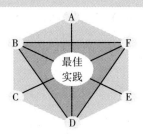

最佳实践体现"六维一体"

A 问题维度——从社会责任角度审视企业发展面临的问题和挑战

B 价值维度——为利益相关方全面创造经济、环境、社会综合价值

C 应用维度——运用社会责任管理方法服务核心业务和优化履责实践

D 变化维度——发挥利益相关方参与优势实现业务改进和管理提升

E 能力维度——全面提升最佳实践参与团队的履责意愿和能力

F 传播维度——通过最佳实践传播与复制向社会传递企业正能量

——《国家电网公司 2013 年社会责任报告》P82

三、电力供应（ES 系列）

电力供应描述电网企业在电力服务市场中负责任的行为。电网企业的电力供应责任分为可靠供电、安全生产、客户服务、电网建设、应急管理、科技创新六方面的责任表现，如图 4-4 所示。

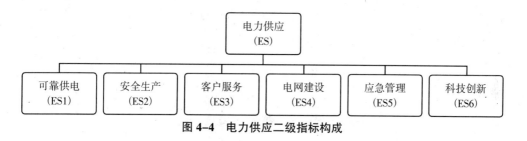

图 4-4　电力供应二级指标构成

（一）可靠供电（ES1）

可靠供电是电网企业作为电力供应者的重要责任，主要包括企业为加强电能质量管理而制定提高供电可靠性策略、提升综合停电管理水平、减少客户停电时间所采取的一系列措施以及成效。

核心指标　ES1.1 电能质量管理

指标解读：本指标主要指提高电能质量的管理制度措施及取得的成效。

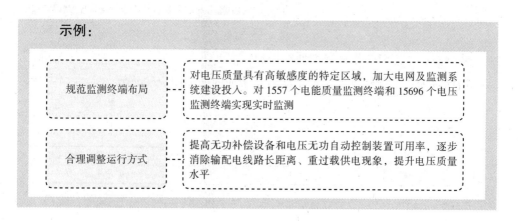

示例：

规范监测终端布局	对电压质量具有高敏感度的特定区域，加大电网及监测系统建设投入。对 1557 个电能质量监测终端和 15696 个电压监测终端实现实时监测
合理调整运行方式	提高无功补偿设备和电压无功自动控制装置可用率，逐步消除输配电线路长距离、重过载供电现象，提升电压质量水平

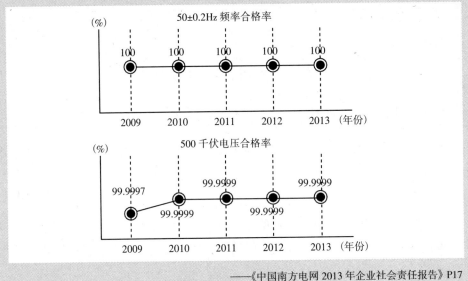

提升谐波治理水平	开展用电设备、负荷性质调查分析，查清电能质量干扰源，构建干扰源基础资料库，提升谐波治理水平
提高电能质量培训	为客户提供专项培训、技术诊断等服务，提高客户自身防范电能质量问题的能力

　　频率和电压是衡量电能质量的主要指标。2013 年，全网 50±0.2Hz 频率合格率 100%，全网 500 千伏电压合格率 99.9999%，频率合格率、电压合格率保持全国领先水平。

50±0.2Hz 频率合格率

(%)

100　100　100　100　100

2009　2010　2011　2012　2013　（年份）

500 千伏电压合格率

(%)

99.9997　　　　99.9999　　　　99.9999

　　　　99.9999　　　　99.9999

2009　2010　2011　2012　2013　（年份）

——《中国南方电网 2013 年企业社会责任报告》P17

核心指标　ES1.2 累计新增通电用户

指标解读：本指标主要指本年度内新增加的通电用户的总数。

示例：

项　目	2009 年	2010 年	2011 年	2012 年	2013 年
累计新增通电户数（万户）	126.2	134	137.5	149	165.7

——《国家电网公司 2013 年社会责任报告》P90

核心指标 ES1.3 客户年平均停电时间、次数

指标解读： 本指标主要指客户一年内平均停电的时间和次数，计算公式：

客户年平均停电时间=∑（每次停电持续时间×每次停电客户数）/总客户数

次数=年内停电总次数/客户总数

示例：

● 城市年户均停电时间 3.854 小时/户，农村年户均停电时间 12.965 小时/户，城乡各类用电同网同价。

——《国家电网公司 2013 年社会责任报告》P95

核心指标 ES1.4 综合停电管理的措施及成效

指标解读： 本指标主要指为加强停电管理而实行的计划、措施以及取得的成效。

示例：

● 尽量选择客户休息的时段开展停电检修，不影响客户的正常生产生活安排。

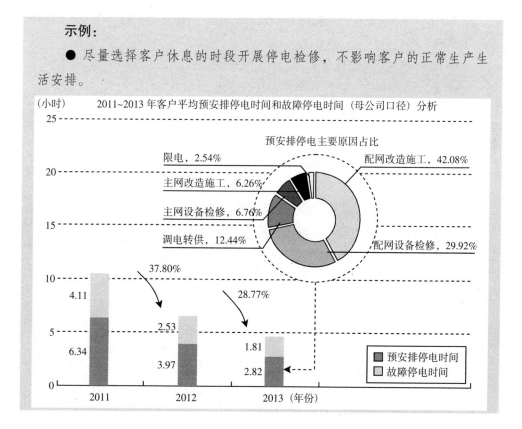

2011~2013 年客户平均预安排停电时间和故障停电时间（母公司口径）分析

● 规范年度综合停电计划编制，统筹管理主配网基建、改造、维修、迁改和客户接入停电需求，采取合并停电等手段，减少重复停电。

● 严格执行年度停电计划，严格审批临时停电，影响客户的停电采取一支笔审批，减少临时停电。

● 加强停电分析考核，每月统计分析重复停电、延时停电和临时停电事件，落实责任，持续改进停电管理效率。

——《中国南方电网 2013 年企业社会责任报告》P21

核心指标　ES1.5 带电作业的次数及成效

指标解读：本指标主要指电网企业全网年内累计带电作业次数以及实施带电作业的成效。

示例：

● 主网线路带电作业方面，提升"等电位"带电作业技术水平，开展带电更换单片、整串。

● 绝缘子，带电处理过热引流板，带电走线查找故障点等业务。

● 配网带电作业方面，全年实施配网带电作业 36730 次，同比大幅增加 48%；减少停电约 287.25 万时户，相当于减少客户平均停电时间 2.54 小时。

● 创新引入先进技术、方法和设备，在带电作业领域实现突破。

——《中国南方电网 2013 年企业社会责任报告》P22

扩展指标　ES1.6 重要保供电情况及成效

指标解读：本指标主要指年度内保障具有极大社会影响事件的电力稳定供应的累计次数和成效。

示例：

我们建立了完善的保供电机制，扎实执行各项任务，应用先进的保供电武器，以"零差错、零失误、零投诉"的成绩，圆满完成了广州恒大亚冠联赛保供电、花市保供电等任务。

——《中国南方电网广州供电局有限公司 2013 年社会责任实践》P18

核心指标 ES1.7 最大电力缺口

指标解读：本指标计算公式为：

最大电力缺口 = 电力调度实际需要最大功率 - 电厂发电功率

核心指标 ES1.8 缓解电网"卡脖子"投入的资金、措施及成效

指标解读：本指标主要指年度用于解决最大输电功率不能满足用电需求，即电网"卡脖子"问题，以及企业所投入的资金总额、已采取的措施和取得的成效等。

示例：

配电网长期投资不足，城市、农村配电网建设有待加强。我们进一步优化投资结构，更多地向满足群众用电需求、提高供电可靠性方面倾斜，着重解决配网"卡脖子"问题。

● 投入 345 亿元建设配电网，2013 年，累计建成投产 35 千伏及以下输电线路 70000 余千米、变电容量 700 余万千伏安。

● 开展配网改造升级，提高配网互供能力，2013 年配网环网率达 57.4%，可转供率达 47.5%。

——《中国南方电网 2013 年企业社会责任报告》P23

核心指标 ES1.9 "三公"调度实施的措施及成效

指标解读：本指标主要指在与电网合作过程中，坚守"公开、公平、公正"调度原则所采取的电力调度具体措施和成效。

示例：

● 加强与电厂合作

公司与电厂开展深入务实合作，严格落实"公开、公平、公正"调度，持续完善调度交易信息披露，共同保障电力系统安全稳定运行。全年"三公"调度满意率达 94.8%。

——《中国南方电网 2013 年企业社会责任报告》P62

核心指标 ES1.10 城市、农网综合电压合格率

指标解读：本指标主要指城市电网、农村电网综合电压合格率。

示例：

项　目	2009 年	2010 年	2011 年	2012 年	2013 年
城市综合电压合格率（%）	99.447	99.498	99.759	99.824	99.949
农村综合电压合格率（%）	97.25	97.477	97.688	98.074	98.567

——《国家电网公司 2013 年社会责任报告》P89

扩展指标　ES1.11 按能源使用种类划分的电厂平均使用效率

指标解读：本指标主要指企业年内使用发电厂所发电量的百分比。

示例：

分布式电源，是指位于用户附近，所发电能就地利用，以 10 千伏及以下电压等级接入电网，且单个并网点总装机容量不超过 6 兆瓦的发电项目。包括太阳能、天然气、生物质能、风能、地热能、海洋能、资源综合利用发电等类型。

截至 2013 年底，分布式电源已实现并网运行 1052 户，装机容量 73.59 万千瓦，累计发电 2.05 亿千瓦时，自发自用电量占 73.86%，其中，光伏并网 1045 户，装机容量 72.37 万千瓦，累计发电 20161.62 万千瓦，自发自用电量占 74.86%。

——《国家电网公司 2013 年社会责任报告》P60

（二）安全生产（ES2）

核心指标　ES2.1 安全生产责任制实施成效

指标解读：本指标主要指安全生产责任制的建立情况，促进安全生产责任的逐级传递和有效落实的措施，以及确保员工安全的制度和措施。

示例：

● 健全安全生产风险闭环管控模式，实现对各类风险横向到边、纵向到底管控，全年有效控制安全生产主要风险 54 项，消除安全生产重大隐患 10 项

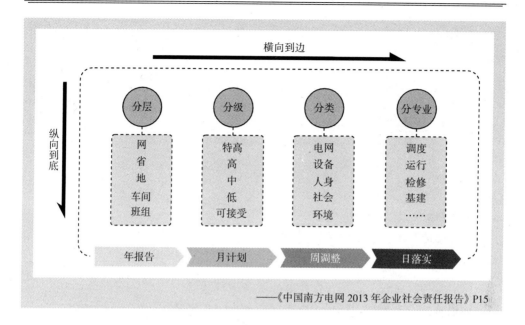

——《中国南方电网 2013 年企业社会责任报告》P15

核心指标　ES2.2 安全生产投入

指标解读：本指标主要指企业为保障安全生产所投入的资金总额、人力资本、智力投入等其他资源。

示例：

公司在全网推广使用一体化作业标准，共编印 20 个专业 577 份作业指导书，将行业标准、企业制度和风险管理体系要求与工作流程、岗位结合，转化为员工可操作的具体工作步骤，使每位员工清楚"干什么"和"怎么干"。

——《中国南方电网 2013 年企业社会责任报告》P16

核心指标　ES2.3 施工人员全员持证上岗率

指标解读：本指标主要指企业施工人员持相关执业资质证件上岗的比率。

核心指标　ES2.4 大面积停电事故次数及影响的时户数

指标解读：本指标主要指年度内大面积停电事故发生的次数以及分别影响的时户数。

核心指标　ES2.5 员工伤亡数

指标解读：本指标主要指年度内重大及以上安全事故的人员伤亡人数。

示例：

指标速递

指标	完成情况
接受健康与安全培训的员工比例	100%
人身事故	1 起
人身事故伤亡率	1/316（人/千人·年）

——《中国南方电网 2013 年企业社会责任报告》P14

扩展指标　ES2.6 供应商、承包商伤亡数

指标解读： 本指标主要指年度内重大及以上安全事故造成的供应商、承包商伤亡人数。

核心指标　ES2.7 恶性误操作事故发生次数

指标解读： 本指标主要指年度内因恶性误操作导致事故发生的次数。

核心指标　ES2.8 电网稳定破坏事故发生次数

指标解读： 本指标主要指年度内企业电网稳定破坏事故发生的次数。

示例：

● 全年共发生盗窃破坏电力设施案件 4773 起，同比下降 42.2%；造成直接经济损失 3872 万元，同比下降 36.2%。110 千伏及以上电力设施实现"零发案"。

——《中国南方电网 2013 年企业社会责任报告》P24

核心指标　ES2.9 电力设施保护的措施及成效

指标解读： 本指标主要指企业根据相应的《电力设施保护工作规定》，保护电力设施的具体措施以及成效。

示例：

一些不法分子受利益驱动，恶意盗窃和破坏电力设施，严重影响电网安全稳定。我们与公安机关合作构建立体防范体系，开展专项整治，发动群众共同参与，坚决打击破坏和盗窃电力设施的行为，案件总数呈逐年下降趋势。

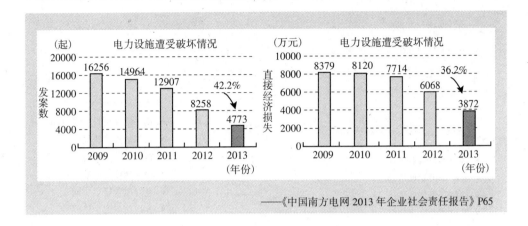

——《中国南方电网 2013 年企业社会责任报告》P65

扩展指标 ES2.10 二次系统设备技术改造方面的资金投入、措施

指标解读：本指标主要指二次系统设备技术改造的资金投入（万元），以及采取的具体措施等。

核心指标 ES2.11 安全教育与培训

指标解读：本指标主要指以提高安全监管监察人员、生产经营单位从业人员和从事安全生产工作的相关人员安全素质为目的的教育培训活动，以及培训覆盖面、培训次数等数据。

示例：

● 推进安全风险体系建设，创新安全技能培训方式，开展各类安全技能竞赛，形成"基于风险、全员参与、分享互助、持续改进"的安全文化。全年开展安全技术技能培训 15.7 万人次

——《中国南方电网 2013 年企业社会责任报告》P65

（三）客户服务（ES3）

企业为提升客户满意度而采取的倾听客户声音、与客户真诚沟通，将客户意见纳入企业决策系列的措施与成效。

核心指标 ES3.1 客户关系管理制度

指标解读：本指标主要指以客户为中心，识别客户期望、回应客户需求及客户意见反馈和改进的管理体系与机制。

示例：

公司强化客户全方位服务体系建设，全面实施"客户需求传递、客户服务协同、客户服务评价"三项机制，提升客户满意度。

——《中国南方电网 2013 年企业社会责任报告》P26

扩展指标 ES3.2 为客户提供服务的效率及成效

指标解读： 本指标主要指供电方案的答复，审核处理时间、措施、成效，平均装表接电耗时、客户受电工程设计资料及时审核率等。

示例：

供电服务内容	国家供电标准	公司供电服务承诺	2013 年完成情况	与 2012 年相比
城市地区供电可靠率不低于（%）	99	99.9	99.9736	提高 0.0101 个百分点
城市居民客户受电端电压合格率不低于（%）	95	98	99.84	提高 0.116 个百分点
城市地区供电抢修人员到达现场时间不超过（分钟）	60	45	28	缩短 5 分钟
农村地区供电抢修人员到达现场时间不超过（分钟）	120	90	69	缩短 7 分钟
特殊边远地区供电抢修人员到达现场时间不超过（小时）	4	2	1.3	缩短 0.2 小时

续表

供电服务内容	国家供电标准	公司供电服务承诺	2013年完成情况	与2012年相比
低压客户供电方案答复期限不超过（工作日）	8	7	5.5	缩短0.5个工作日
高压单电源客户供电方案答复期限不超过（工作日）	20	15	11	缩短1.5个工作日
高压双电源客户供电方案答复期限不超过（工作日）	45	30	23	缩短3.7个工作日

——《中国南方电网2013年企业社会责任报告》P25

核心指标　ES3.3 停电告知率

指标解读：本指标计算公式，停电告知率＝(停电通知按时发出次数/停电总次数)×100%。建议按计划停电和临时停电分别统计。

扩展指标　ES3.4 用电业务办理进度告知

指标解读：本指标主要指用电业务办理进度及时告知客户的措施及成效。

示例：

用电服务更便捷。推出新的服务载体——e电通，客户通过网上营业厅、微信公众平台等渠道，就可以进行电费查询及缴纳、用电业务办理等。在天河区推出"360营业厅"，全年无休，全员、全程、全心全意为客户服务，让客户享受360度便捷服务。

——《中国南方电网广州供电局有限公司2013年社会责任实践》P22

核心指标　ES3.5 计量公平的保证措施及成效

指标解读：本指标主要指为保证用电量计量公平而采取的措施，以及取得的成效。

示例：

● 推广和应用智能电能表采集系统。累计安装应用智能电表1.82亿只，用电信息采集系统累计覆盖1.91亿户，用户可实时查询每日用电量，及时获得用能信息，实现用户互动

● 确保用户电表计量准确。有效衔接采集和抄表业务流程，准确交互数据。合理调整抄表周期，优化核算规则

——《国家电网公司 2013 年社会责任报告》P33

核心指标 ES3.6 计量故障差错率

指标解读：本指标计算公式，计量故障差错率＝［实际发生故障差错次数/（运行电能表总数＋互感器总数）］×100%。

核心指标 ES3.7 投诉处理的措施及成效

指标解读：本指标主要包括投诉总量、按类型划分的客户投诉量、办结率、满意度等。

示例：

积极回应和跟踪客户投诉事件。及时跟踪核实客户投诉处理情况，定期回访投诉客户，回访满意率达 97.84%。对典型投诉进行挂牌督办，避免出现由投诉升级为供电服务不良事件。

——《国家电网公司 2013 年社会责任报告》P36

核心指标 ES3.8 呼叫中心的服务管理水平、措施及成效

指标解读：本指标主要考察客户热线服务、客户服务短信、人工应答接听情况等。

示例：

以客户价值为导向，优化整合服务资源，打造"全业务，全天候，服务专业化、管理精益化、发展多元化"的 95598 业务集中运营客户服务平台，国网客服中心实现 6 家省公司全业务和 21 家省公司五项业务集中，南北园区开工建设。

● 统一专业化服务标准。实现 95598 服务受理标准、业务分类标准、工单处理标准、质检标准、回访标准及服务评价标准"六统一"，规范和统一服务标准和服务流程，全天响应客户。

● 诉求，"一口对外"集中受理各类业务。

● 建立服务信息互动平台。总部层面直接掌握客户服务状况，应用第一手资料，研究、改进提升服务的措施和方法。

● 形成集约式服务评价体系。建立涵盖服务能力、服务过程、服务绩效3个方面、65项指标的服务评价体系指标，为改进供电服务质量提供决策。

● 形成集中监控机制。建立涵盖服务环境、状况、品质、绩效4个方面、116项指标的供电服务监测体系，加强客户诉求在线监测和实时管控。

——《国家电网公司2013年社会责任报告》P34

核心指标 ES3.9 客户满意度调查及满意度

指标解读： 本指标主要指由独立第三方实施的客户满意度调查情况以及结论反馈。

示例：

公司坚持多渠道、多角度开展客户满意度评价，客观、真实了解服务现状，分析客户意见，强化客户问题解决。2013年，公司第三方客户满意度测评81分，同比提高4分，客户服务水平跻身国际先进行列。

● 加强客户满意度诊断分析。从供电服务八个维度、工业、商业、居民和其他四类客户细化满意度诊断，分析客户问题优先等级。

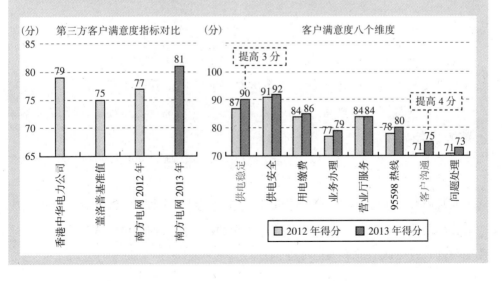

● 根据客户问题优先等级，制订针对性整改提升行动方案，将责任分解到规划建设、生产运行、营销服务等专业部门，确保整改落实。

——《中国南方电网 2013 年企业社会责任报告》P28

核心指标　ES3.10 城市、农村营业厅的数量、分布和规范化建设管理情况

指标解读：本指标主要指城市、农村供电营业厅的数量和具体分布覆盖率，特别是偏远地区服务网点覆盖率；营业厅标准化建设的情况。

扩展指标　ES3.11 农电营业窗口达标率

指标解读：本指标计算公式，农电营业窗口达标率=达到公司标准的农电营业窗口数量/农电营业窗口总数×100%。

示例：

提供便捷用电服务。实现农村供电服务营业窗口覆盖 80% 以上的乡镇和 1/3 以上的行政村，满足农村客户业务办理需求。

——《中国南方电网 2013 年企业社会责任报告》P6

扩展指标　ES3.12 网上营业厅建设情况

指标解读：本指标主要指网上营业厅功能拓展情况、覆盖率以及客户使用率。

示例：

建立多元化交费平台。积极拓展网络支付、自助交费终端、电费充值卡等新型交费方式，满足客户多样化交费需求。建设城市"十分钟交费圈"，农村用电收费"村村设点"，新增电费代收点 16.08 万个，新增自助交费终端 6691 台。

——《国家电网公司 2013 年社会责任报告》P36

扩展指标　ES3.13 因未缴费而断开的客户数量、次数、持续时间、影响范围

指标解读：本指标主要指企业应提供年内因未缴费而断电的客户数量、持续停电时间、停电次数及影响情况等。

核心指标 ES3.14 电费电价沟通措施及成效

指标解读：本指标主要指执行政府电价政策，就电费电价采取透明的沟通措施，以及取得的成效。

示例：

电费电量接受各方监督。深化内控机制建设，加强电能表质量监督，依法、公开开展计量器具检定，建设自动化检定（测）流水线。加强自查自纠，自觉接受社会监督和政府监管。

——《国家电网公司 2013 年社会责任报告》P33

新版居民客户电费单详细介绍了阶梯电价收费标准及家庭用电量明细，推动电价更透明；提供科学用电资讯，传递环保理念。

——《中国南方电网广州供电局有限公司 2013 年社会责任实践》P21

扩展指标 ES3.15 客户信息保护

指标解读：本指标主要指保护客户信息安全的理念、制度、措施及绩效，包括年内因侵犯客户隐私、遗失资料而受到的投诉次数。

示例：

● 保护客户交易安全。为客户营造安全的信息环境，加强客户数据安全管理，通过优化流程、技术防范和监督检查等方法，保证客户用电交易过程无漏洞。严格执行员工服务"十个不准"中"严禁对外泄露客户个人信息及商业秘密"规定，关键岗位员工与公司签署客户保密协议。

● 加强服务商保密管理。强化监督，通过签订协议约束合作伙伴做好保密工作。

● 加强员工保密意识。加强培训教育，普及《保密法》，让员工认识到保密工作的严肃性和必要性，自觉增强在日常工作中的保密意识。

——《国家电网公司 2013 年社会责任报告》P34

扩展指标 ES3.16 违反涉及服务提供的相关法律及规定所受到的处罚情况

指标解读：本指标主要指企业应披露因未能遵守法规而受到的行政或法律制

裁的相关情况。

扩展指标 ES3.17 帮助特殊群体安全、便捷用电的措施和成效

指标解读：本指标主要指为帮助特殊群体（如残障人士、老年人、文盲等）安全、便捷用电采取的措施以及取得的成效。

示例：

在 592 个国家扶贫开发工作重点县中，南方五省区域内有 156 个，占全国的 26%。我们心系边远贫困地区，关注弱势群体，向贫困地区投入更多资源，为贫困地区群众提供同网同价、管理同标、服务同质的供电服务，将优质、清洁、高效的电力送到贫困地区每一个家庭，助力当地经济社会发展，为当地群众送去光明和幸福。

——《中国南方电网 2013 年企业社会责任报告》P4

（四）电网建设（ES4）

核心指标 ES4.1 电网建设投资额、年度增长率

指标解读：本指标主要指企业电网建设年内投资总额以及年度增长率。

示例：

指标	2009 年	2010 年	2011 年	2012 年	2013 年
电网建设投资（亿元）	3031.6	2643.7	3019.2	3054	3379

——《国家电网公司 2013 年社会责任报告》P88

核心指标 ES4.2 配电网改造投资额、年度增长率

指标解读：本指标主要指配电网改造年内投资总额、年度增长率，以及配电网自动化建设情况等。

示例：

2013 年，改造 35 千伏及以上输电线路 6812 千米，改造配电网投入 43.8 亿元，城市供电可靠率为 99.956%，年户均停电时间 3.854 小时/户，同

比下降 25.6%，城市配网故障停运率同比降低 17.3%，城市综合供电电压合格率同比上升 0.125 个百分点。

——《国家电网公司 2013 年社会责任报告》P33

核心指标 ES4.3 110 千伏以上输电线路长度

指标解读： 本指标主要指统计 110 千伏以上输电线路长度。

示例：

投产 110（66）千伏及以上交流线路 4.8 万公里。

——《国家电网公司 2013 年社会责任报告》P95

核心指标 ES4.4 110 千伏以上变电设备容量

指标解读： 本指标主要指统计 110 千伏以上变电设备容量。

示例：

投产 110（66）千伏及以上变电容量 2.3 亿千伏安。

——《国家电网公司 2013 年社会责任报告》P95

扩展指标 ES4.5 获得优质工程奖项的数量、种类、级别、频次

指标解读： 本指标主要指年度内按种类和级别划分的优质工程奖项数量以及频次。

示例：

2013 年公司基建获奖优质工程

工程名称	奖项	颁奖单位
广东 500 千伏祯州变电站工程	国家优质工程奖	国家工程建设质量奖审定委员会
	电力行业优质工程奖	中国电力建设企业协会
贵州 500 千伏六盘水变电站工程	国家优质工程奖	国家工程建设质量奖审定委员会
	电力行业优质工程奖	中国电力建设企业协会
广西 220 千伏念荷变电站工程	电力行业优质工程奖	中国电力建设企业协会
广东珠海 220 千伏琴韵变电站工程	电力行业优质工程奖	中国电力建设企业协会
广东佛山 220 千伏鹅村变电站工程	电力行业优质工程奖	中国电力建设企业协会

——《中国南方电网 2013 年企业社会责任报告》P31

核心指标 ES4.6 重大电网工程建设

指标解读：本指标主要指按照国家规划或者地方政策安排所实施的重大电网工程建设情况。

> **示例：**
>
> ● 1000 千伏晋东南—南阳—荆门特高压交流试验示范工程：我国首个特高压工程，已安全运行 5 周年，累计输电 532 亿千瓦时。
>
> ● 皖电东送工程：世界首个商业运行的同塔双回路特高压交流输电工程，每年输送电能超过 500 亿千瓦时，相当于新建 6 座百万千瓦级的火电站，相当于替代输送标准煤 1600 万吨。
>
> ● 浙北—福州 1000 千伏特高压交流输变电工程：近期输电能力 680 万千瓦，远期输电能力可提高到 1050 万千瓦以上，对于增强华东电网安全稳定水平、提升沿海核电群应对突发事故能力具有重要意义。
>
> ● 锡盟—南京、淮南—南京—上海、雅安—武汉特高压交流工程，宁东—浙江、酒泉—湖南特高压直流工程：均已获得路条，正在开展前期工作。
>
> ● 向家坝—上海±800 千伏特高压直流输电示范工程：通过国家验收，顺利完成负荷试验，创造了单回线路输送 704 万千瓦的世界纪录。
>
> ● 锦屏—苏南±800 千伏特高压直流输电工程：累计输电 269.66 亿千瓦时。
>
> ——《国家电网公司 2013 年社会责任报告》P23

核心指标 ES4.7 电网建设沟通

指标解读：本指标主要指回应公众对电网建设的质疑；变电站、高压线廊合理选址；及时恢复施工现场；落实工程土地征用的青苗补偿；输变电设施电磁环境安全距离等方面的沟通情况，包括沟通方式、沟通过程、沟通效果等。

示例：

深圳 110 千伏花卉变电站建设沟通

利益相关方	期望与诉求	沟通与回应	沟通效果
站址周边市民	担心变电站破坏自然景观，与花卉世界不协调，对环境造成不良影响	采取上门沟通、优化设计等措施，消除居民疑虑	变电站的优化设计最终得到政府和市民的肯定
政府规划部门	期望变电站规划合理，节约城市宝贵的土地资源	在选址选线阶段，系统调查规划地区。在条件允许的情况下，尽量利用荒地、劣地，充分考虑与周边环境的协调性，避免或减少对周边环境的破坏	
社会群体	对变电站等电网设施存在诸多误解，认为变电站辐射大、有噪音污染、充满危险	秉持绿色电网理念，突出电网节能、环保、高效、和谐规划设计。开放深圳 110 千伏花卉变电站，供广大市民、媒体等利益相关方参观，消除利益相关方的质疑和误解	打消了商户顾虑，连前来买花的市民、参观的游人也不时询问："这是不是你们花卉世界配套的酒店呀？"

——《中国南方电网 2013 年企业社会责任报告》P32

核心指标 ES4.8 智能电网建设及使用情况

指标解读：本指标主要指企业在输电智能化、配电智能化、用电智能化、调度智能化等方面，推动智能电网建设以及使用情况。

示例：

2009 年以来，公司累计安排智能电网试点项目 32 类 311 项，目前已建成试点项目 29 类 298 项，组织开展智能电网调度技术支持系统、配电网自动化、用电信息采集等 14 类推广建设项目，相继在上海、北京等 7 个城市建成并投运智能电网综合工程，在北京、山东等 25 个地区建设智能电网综合工程，实现了城市与电网的和谐发展。

● 发电环节。截至 2013 年底，公司建设的国家风光储输示范工程创造了风机类型最多、功率调节型光伏装机容量最大、新能源联合电站运行水平最高等多项世界纪录。

● 输电环节。对 220 千伏及以上重点输电线路开展直升机、无人机智

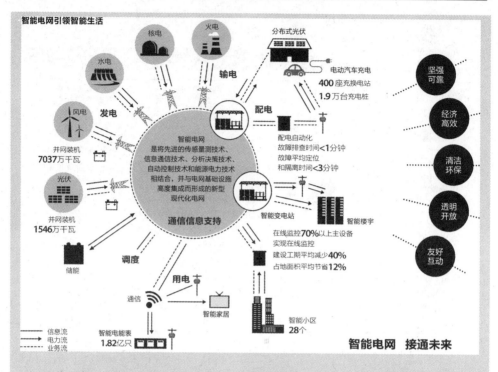

能巡检，实施智能状态监测。

● 变电环节。新建并投运 110 千伏及以上智能变电站 843 座，开展标准配送式智能变电站建设试点，智能变电站建设的安全性、可靠性、经济性显著提升。

● 配电环节。公司经营区域内 30 个城市核心区建成或投运了配电自动化系统，实现了电能质量在线检测。

● 用电环节。累计安装应用智能电能表 1.82 亿只。电力光纤到户建成26.8 万户，构建了高带宽、高安全性的光纤通信网络。

● 调度环节。建成投运世界上规模最大、驾驭能力最强的电网调度技术支持系统。

——《国家电网公司 2013 年社会责任报告》P24~25

（五）应急管理（ES5）

核心指标 ES5.1 快速复电的措施及成效

指标解读：本指标主要指对配网运行和故障抢修流程的实时监控、自动化水平的改进措施以及取得的成效。

> **示例：**
> ● 改进信息系统。当发生故障停电时，信息系统会自动完成信息故障点判断、停电客户清单确认、故障通知短信发送等工作，既为公司快速抢修提供了信息支撑，也要让客户及时了解相关进展。
>
> ——《中国南方电网广州供电局有限公司 2013 年社会责任实践》P17

核心指标 ES5.2 应急物资准备情况

指标解读：本指标主要指应急物资的投入额和配置情况。

> **示例：**
> ● 建立应急物资 24 小时值守配送机制。应急物资的高效配送，为现场抢修提供了充沛的物资保障。
>
> ——《中国南方电网广州供电局有限公司 2013 年社会责任实践》P17

核心指标 ES5.3 安全应急管理机制

指标解读：本指标主要指企业各级应急指挥平台的建设情况，规范应急处理流程、制定应急预案以及具体实施的情况。

示例：

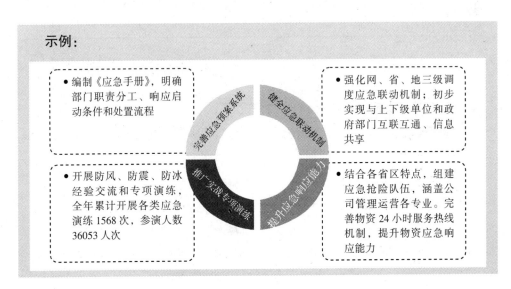

公司依托覆盖供电区域的应急管理平台，确保应急处置机制高效、有序运转，持续提升应急管理水平。

——《中国南方电网 2013 年企业社会责任报告》P29

核心指标　ES5.4 大面积停电事故的影响、处理措施和成效

指标解读：本指标主要指年度内大面积停电事故造成的影响，因而采取的措施和恢复供电的时间等。

核心指标　ES5.5 故障抢修到场时间

指标解读：本指标主要指企业按地区、类型统计年内故障抢修到场累计用时。

示例：

推行客户停电集中监控。由地市供电局"95598"呼叫中心集中监控停电事件，传递故障信息，及时通知客户，快速组织抢修复电，故障抢修复电及时率由 82.6%提高到 95.4%

——《中国南方电网 2013 年企业社会责任报告》P23

供电服务内容	国家供电标准	公司供电服务承诺	2013 年完成情况	与 2012 年相比
城市地区供电抢修人员到达现场时间不超过（分钟）	60	45	28	缩短 5 分钟
农村地区供电抢修人员到达现场时间不超过（分钟）	120	90	69	缩短 7 分钟
特殊边远地区供电抢修人员到达现场时间不超过（小时）	4	2	1.3	缩短 0.2 小时

——《中国南方电网 2013 年企业社会责任报告》P25

核心指标　ES5.6 应急演练的主要情况

指标解读：本指标主要指年度内企业应急演练次数、参与人次、覆盖范围等。

示例：

持续提升应急管理能力。举办公司应急技能竞赛，建立内部应急协调联动机制和应急处置评估机制，开展 16 项应急预案示范性演练，实现四级应急指挥中心互联互通。山东泰安、四川成都两个应急培训基地全面运转，共

组织 30 期培训班，参培应急队员 1697 人。

——《国家电网公司 2013 年社会责任报告》P27

核心指标　ES5.7 抗击突发自然灾害的措施及成效

指标解读：本指标主要指突发事件发生前、发生后所采取的处置措施及恢复供电的时间；主要包括台风、地震、泥石流、特大暴雨灾害，等等。

示例：

2013 年，东北地区、四川、陕西、甘肃遭受强降雨，台风"苏力"、"尤特"、"潭美"、"菲特"相继登陆，四川芦山发生 7.0 级地震及甘肃定西发生 6.6 级地震，西藏山体滑坡，东黄输油管道发生泄漏爆炸，公司系统累计 10 千伏及以上线路 7071 条、变电站 134 座停运，17.9 万个台区、1163.4 万用户受到影响。公司及时发布灾害预警，迅速启动应急机制，统筹调配资源，各省累计投入人员 24.5 万人次、抢修车辆 5.2 万台次，全力修复受损设施，在最短时间内恢复了电力供应。

——《国家电网公司 2013 年社会责任报告》P27

扩展指标　ES5.8 累计编修应急管理预案数量

指标解读：本指标主要指企业年度内累计编撰、修订的应急管理预案数量。

示例：

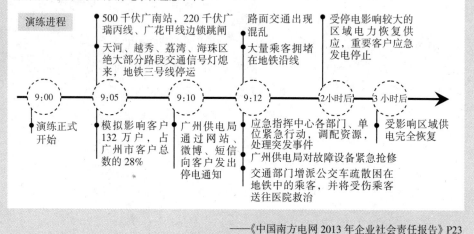

广州供电局参加广州市首次大面积停电演练

10月30日，广州市借鉴美国国土安全部安全演练与评价模式，举行全国首次大面积停电应急处置功能演练。演练模拟出现大面积停电突发事件，各政府部门、单位联动处置，在最短时间内恢复社会秩序，降低停电损失。

演练加强了公司与各级政府应急指挥体系的配合，完善了广州市处置大面积停电事件应急预案体系，提升了大面积停电事件应急水平。

| 演练进程 | | | | | |

——《中国南方电网 2013 年企业社会责任报告》P23

（六）科技创新（ES6）

核心指标 ES6.1 支持创新制度建设

指标解读： 本指标主要指企业内支持和鼓励科技创新的制度与机制。

示例：

● 建立健全鼓励职工技术创新机制，通过制度保障、专项经费支持、QC 工作小组、职工技术创新社区等丰富的组织形式，发扬基层首创精神，有效激发基层员工技术创新热情

——《中国南方电网 2013 年企业社会责任报告》P34

扩展指标 ES6.2 科技创新获奖情况

指标解读： 本指标主要指企业年内科技创新的投入以及获得的重大创新奖项。

示例：

公司全年投入研发经费 26.28 亿元，占主营业务收入的 0.59%，同比增加 51%。拥有自主知识产权的成果、专利数量逐年增长，连续三年获中国专利优秀奖。

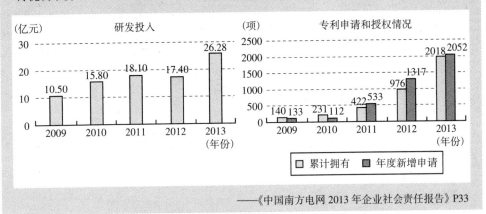

——《中国南方电网 2013 年企业社会责任报告》P33

扩展指标　ES6.3 年内申请专利数量

指标解读： 本指标主要指年度内新增专利的数量。

示例：

公司累计获得国家科学技术奖 43 项、行业奖 494 项，累计拥有专利 28311 项。形成 1028 项国家、行业标准，建立了系统的特高压与智能电网技术标准体系，编制相关国际标准 20 项。引进 22 位"千人计划"专家人才，完成首批 546 名十大专业领军人才选拔工作，构建了专业结构相对合理、科研能力互补、创新能力突出的科技梯队。

在 2013 年 1 月 18 日召开的国家科学技术奖励大会上，"特高压交流输电关键技术、成套设备及工程应用"荣获国家科学技术进步奖特等奖。这是国家电网公司迄今为止获得的国家科技最高奖项，也是我国电工领域在国家科技奖上收获的最高荣誉，在世界电工领域实现了中国创造和中国引领。

——《国家电网公司 2013 年社会责任报告》P29

扩展指标　ES6.4 科技工作人员数量及比例

指标解读： 本指标主要指企业直接从事或参与科技活动，以及专门从事科技活动管理和为科技活动提供直接服务的人员数量，以及科技工作人员所占总员工的比例。

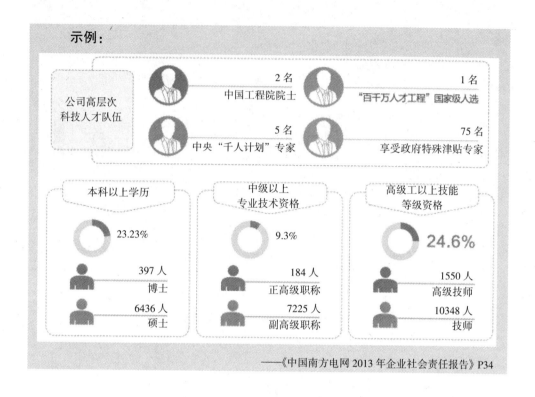

——《中国南方电网 2013 年企业社会责任报告》P34

四、运营绩效（OP 系列）

运营绩效依次披露经营业绩和伙伴共赢，如图 4-5 所示。

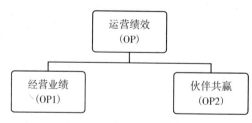

图 4-5　运营绩效二级指标构成

（一）经营业绩（OP1）

经营业绩反映了公司在确保国有资产保值增值、为利益相关方创造价值方面的履责绩效，包括资产规模、销售收入等指标。

核心指标　OP1.1 资产规模

指标解读：本指标即报告期内资产总额。

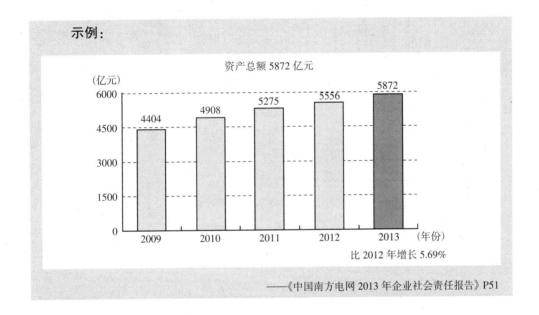

示例：

资产总额 5872 亿元

——《中国南方电网 2013 年企业社会责任报告》P51

核心指标　OP1.2 经营成长性

指标解读：本指标即报告期内营业收入及增长率等与企业成长性相关的其他指标，包括年内主营业务收入及其增长率、国有资产的保值增值率等。

示例：

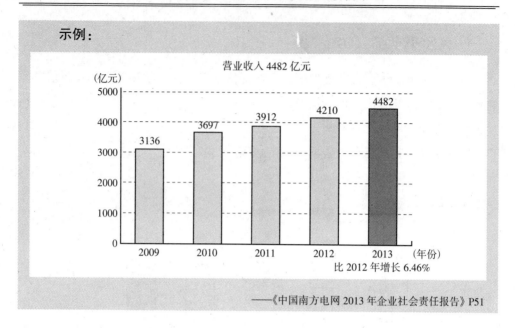

营业收入 4482 亿元

——《中国南方电网 2013 年企业社会责任报告》P51

核心指标 OP1.3 利润总额

指标解读：本指标指企业在报告期内实现的盈亏总额，来源于损益表中利润总额项的本年累计数。

示例：

财务绩效	2009 年	2010 年	2011 年	2012 年	2013 年
利润总额（亿元）	46	450.9	537.8	1090.3	705.6

——《国家电网公司 2013 年社会责任报告》P88

核心指标 OP1.4 纳税总额

指标解读：本指标即年内纳税总额。

示例：

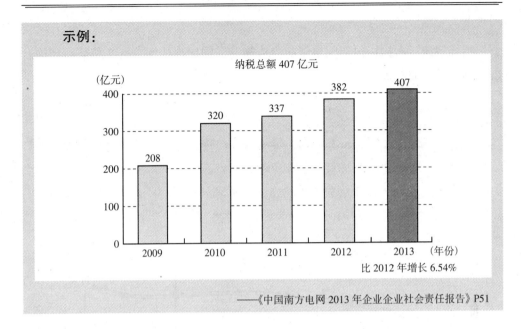

纳税总额 407 亿元

——《中国南方电网 2013 年企业企业社会责任报告》P51

核心指标 OP1.5 净资产收益率

指标解读： 净资产收益率又称股东权益收益率，是净利润与平均股东权益的百分比，是公司税后利润除以净资产得到的百分比。

示例：

财务绩效	2009 年	2010 年	2011 年	2012 年	2013 年
净资产收益率（%）	-0.39	4.87	4.54	8.36	4.60

——《国家电网公司 2013 年社会责任报告》P88

核心指标 OP1.6 经营安全性

指标解读： 本指标即报告期内的资产负债率等与企业财务安全相关的其他指标。

示例：

财务绩效	2009 年	2010 年	2011 年	2012 年	2013 年
资产负债率（%）	65.07	61.83	60.02	57.02	57.01

——《国家电网公司 2013 年社会责任报告》P88

核心指标 OP1.7 经营状况

指标解读：本指标包括固定资产投资额及其同比增长率、资产负债率和国有资产的保值增值率等。

示例：

在经济增速回落、全网用电量增速放缓趋势下，公司加快转变经济发展方式，将保增长任务分解到经营管理各环节，圆满完成国务院国资委下达的年度经营业绩考核目标。全年实现经济增加值（EVA）41.4 亿元，资产负债率 65.6%。公司连续 9 年入选《财富》世界 500 强企业。

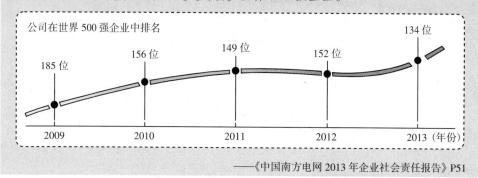

——《中国南方电网 2013 年企业社会责任报告》P51

核心指标 OP1.8 供电量、售电量

指标解读：本指标即年内年供、售电量及其同比增长率。

示例：

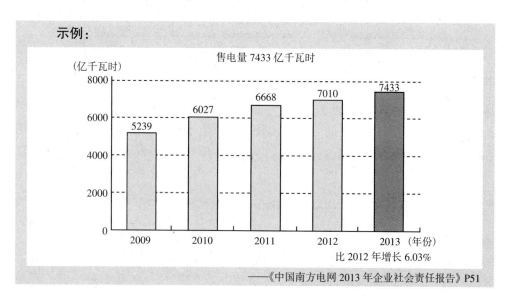

——《中国南方电网 2013 年企业社会责任报告》P51

核心指标 OP1.9 单位可控供电成本

指标解读： 本指标即单位可控成本。

扩展指标 OP1.10 降本增效的措施及成效

指标解读： 本指标指公司采取的降本增效措施及取得的成效。

示例：

面对国内外经济形势复杂多变、五省区用电量增速放缓等挑战，公司走内涵式发展道路，扎实开展降本增效，向成本要效益，向管理要效益，从源头杜绝资源浪费，提升经营效益。

成本管理	压缩购电成本	增加水电电量，压缩购电成本，全年购水电比重达 30.2%
	控制供电成本	优化投资结构，合理安排电网投资规模；压缩非生产性支出，业务招待费同比下降 20.5%，会议费同比下降 22.3%；全年压缩供电成本 14.5 亿元
物资管理	闲置物资管理	完善库存管理机制和管控策略，实现库存周转率 70.7%，闲置物资降低率 58.5%，全年节约资金 3.25 亿元
	报废物资管理	对报废物资实行定期处置、周期清零，报废物资回收资金 2.80 亿元
	集中采购管理	扩大一级采购物资范围，物资集中采购率达 80.45%，需求计划准确率达 99.72%，全年节约采购资金 17.48 亿元
资金管理	加强资金集中	积极应对金融市场"钱荒"局面，加强资金集中管理，资金集中率达 97%；统一调度调剂单位间资金余额，全年实现资金效益 20.5 亿元

——《中国南方电网 2013 年企业社会责任报告》P55

扩展指标 OP1.11 上级单位的考核情况

指标解读： 本指标指国资委对公司的考核，以及对公司的评级情况。

示例：

财务绩效	2009 年	2010 年	2011 年	2012 年	2013 年
国资委业绩考核	A	A	A	A	A

——《国家电网公司 2013 年社会责任报告》P88

（二）伙伴共赢（OP2）

企业的合作伙伴主要有债权人、上游供应商、下游分销商、同业竞争者及其他社会团体。伙伴共赢主要包括企业在合规管理、责任采购和供应链管理三个方面的理念、制度、措施、绩效及典型案例。

1. 合规管理

核心指标 OP2.1 诚信经营的理念与制度保障

指标解读： 该指标主要描述确保企业对客户、供应商、经销商以及其他商业伙伴诚信的理念、制度和措施。

> **示例：**
>
> 实施廉洁采购。制定《国家电网公司招标采购领域诚信体系建设规范（试行）》、《物资从业人员与供应商接触廉洁行为"八不准"》等文件，组建党风廉政监督员网络，构筑"四道防线"（思想防线、制度防线、道德防线、惩处防线）。
>
> ——《国家电网公司 2013 年社会责任报告》P46

核心指标 OP2.2 公平竞争的理念及制度保障

指标解读： 公平竞争主要指企业在经营过程中遵守国家有关法律法规，遵守行业规范和商业道德，自觉维护市场秩序，不采取阻碍互联互通、掠夺性定价、垄断渠道资源、不正当交叉补贴、诋毁同业者等不正当竞争手段。

> **示例：**
>
> 保证采购公开、公平、公正。定期召开供应商座谈会，明确采购工作要求，在招标文件中公开资质业绩条件、价格计算办法、授标原则等内容，实施废标原因一对一告知。开展供应商反向评估工作，引导供应商对采购方在签约、履约等方面进行评价，设立举报电话，加大集中规模招标活动现场监督力度。
>
> 建设良好产业发展生态。实行总部集中采购，设备材料招标平均每年签约涉及 2000 多家生产厂商，促进形成了统一、开放、竞争、有序的市场机

制，打破地方市场垄断和区域保护。注重与中小企业的合作，通过对中小企业放低采购门槛，有意识、有序地增加中小企业的中标概率，支持中小企业的发展。参加国家发展和改革委员会牵头的国家电子招投标公共服务平台建设，加强对招投标市场主体和社会公众的信息服务。

——《国家电网公司 2013 年社会责任报告》P46~47

扩展指标 OP2.3 经济合同履约率

指标解读：该指标主要反映企业的管理水平和信用水平。其计算公式如下：

经济合同履约率 = 截至考核期末实际履行合同份数/考核期应履行合同总份数 × 100%

2. 责任采购

核心指标 OP2.4 采购标准体现社会责任要求

指标解读：一般情况下，公司责任采购程度由低到高可分为三个层次：

（1）严格采购符合质量、环保、劳工标准，合规经营的公司的产品或（及）服务；

（2）对供应商进行社会责任评估和调查；

（3）通过培训等措施提升供应商履行社会责任的能力。

示例：

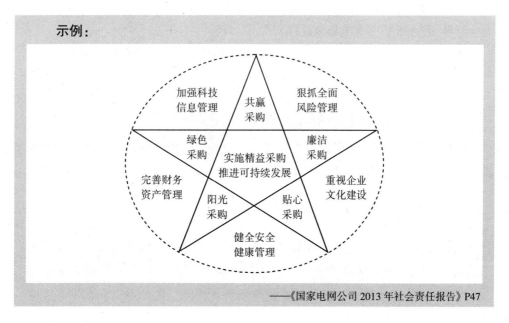

——《国家电网公司 2013 年社会责任报告》P47

扩展指标　OP2.5 责任采购比率

指标解读：本指标指报告期内企业责任采购数量占企业应实行责任采购的采购总量的比例，计算公式为：责任采购比率=责任采购量/应实行责任采购的采购总量×100%。

扩展指标　OP2.6 责任采购措施及成效

指标解读：本指标包括供应商行为准则，责任采购的制度清单，以及采取的措施、取得的成效。

> **示例：**
>
> 探索推进责任采购。
>
> ● 实施廉洁采购；
>
> ● 保证采购公开、公平、公正；
>
> ● 实施高效采购；
>
> ● 实施绿色采购；
>
> ● 实施贴心采购；
>
> ● 深化监造管理提升产品质量；
>
> ● 与供应商共同发展；
>
> ● 促进设备国产化；
>
> ● 建设良好产业发展生态。
>
> ——《国家电网公司 2013 年社会责任报告》P46~47

3. 供应链管理

核心指标　OP2.7 服务供应链发展的措施及成效

指标解读：本指标指各级电网建设、改造投资等给供应链企业带来的经济效益情况，以及电网设备采购国产化率。

> **示例：**
>
> 促进设备国产化。规范招标文件条款，杜绝招标工作中对国内企业的歧视性或限制性条件。提升供应商自主创新能力，与供应商共同行动，实现"中国创造"带动国内输变电装备制造业发展升级，促进形成全套特高压输

变电设备的国内批量生产能力。2013 年，国家电网公司特高压工程设备综合国产化率达 85%以上。加快实施"走出去"步伐，给国内设备制造企业更多参与国际竞争的机会，占据世界电力科技和设备制造技术的制高点。

——《国家电网公司 2013 年社会责任报告》P47

核心指标 OP2.8 促进供应商/承包商履行社会责任的倡议和措施

指标解读：企业应利用其在价值链中的影响力，发挥自身优势，与供应商/承包商共同制定社会责任倡议和相关行业社会责任发展建议。

示例：

我们引入资产全生命周期成本（Life Cycle Cost，LCC）管理理念及方法，构建基于 LCC 的电网设备招标采购管理体系，引导供应商从产品设计阶段，就开始考虑如何降低产品全生命周期成本。

形成采购制约机制。采购权、使用权、支付权三权分离，保证采购工作责权对等和权力制衡，实现公平、公开、公正采购。

构建品质控制体系。有针对性地开展监造、抽检和供应商产品、资质审核工作，督促供应商不断提高质量水平。

完善评价体系。继续推进资产全生命周期管理（LCAM）评标模型的研究应用，完善供应商评价体系。

推行战略采购试点。建立起战略采购流程，编制招标文件等标准文本；探索与供应商建立战略合作方式。

——《中国南方电网深圳供电局有限公司 2013 年社会责任实践》P44

扩展指标 OP2.9 供应商/承包商社会责任教育的措施及成效

指标解读：该指标主要描述企业对供应商、经销商等价值链伙伴进行社会责任培训或社会责任宣传教育的活动。

示例：

持续推进主网基建工程安全管理规范化。推行施工风险漫画和新版安全文明指导图集，以通俗易懂的方式向承包商施工人员开展安全教育。

——《中国南方电网广州供电局有限公司 2013 年社会责任实践》P46

扩展指标 OP2.10 供应商社会责任评估和调查的措施及成效

指标解读： 一般情况下，对包括供应商在内的价值链伙伴进行社会责任审查可分为企业自检或委托第三方机构对供应商履行社会责任情况进行审查。

示例：

与供应商共同发展。发布《国家电网公司供应商资质能力核实标准》，加强供应商资质能力核实，推进供应商产品全生命周期评价，促进供应商提高产品质量和服务水平。2013 年，一对一告知供应商 1016 家次 2063 起问题，就质量问题约谈了 28 家供应商，组织各单位对 145 家供应商整改情况进行检查验收，确保产品质量。

——《国家电网公司 2013 年社会责任报告》P47

扩展指标 OP2.11 供应商通过质量、环境和职业健康安全管理体系认证的比率

指标解读： 供应商通过质量、环境和职业健康安全管理体系认证可从侧面（或部分）反映供应商的社会责任管理水平。

示例：

全年公司供应商通过质量、环境和职业健康安全管理体系认证比率达 90%。

——《中国南方电网深圳供电局有限公司 2013 年社会责任实践》P44

核心指标 OP2.12 与电建承包商合作的措施及成效

指标解读： 本指标指提高电建承包商能力的措施及取得的成效。

示例：

促进承包商提升管理水平。

公司加强电建承包商安全管控，电网建设过程引入"5S"管理模式，促使承包商自发强化施工现场管理能力，提升现场安全作业水平，提高工程质量，减少施工过程对周边社区环境的影响。

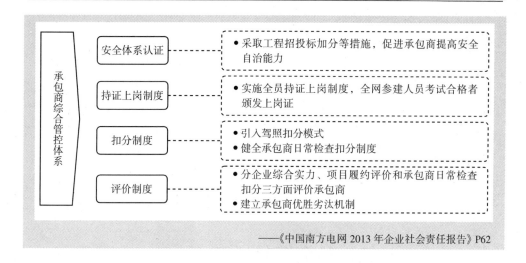

核心指标　OP2.13 与电厂合作的措施及成效

指标解读：本指标指保障"公开、公平、公正"调度、与电厂积极合作所采取的措施，以及取得的成效。

示例：

加强与电厂合作。

公司与电厂开展深入务实合作，严格落实"公开、公平、公正"调度，持续完善调度交易信息披露，共同保障电力系统安全稳定运行。全年"三公"调度满意率达 94.8%。

扩展指标　OP2.14 开展国际合作的措施及成效

指标解读：本指标指与国际电力企业、国际机构建立合作关系以及进行交流的情况。

示例：

开展国际交流与合作。

公司搭建国际交流平台，与世界知名电力企业和国际机构建立合作关系，加强技术交流，实现信息共享，提升公司国际影响力和软实力。

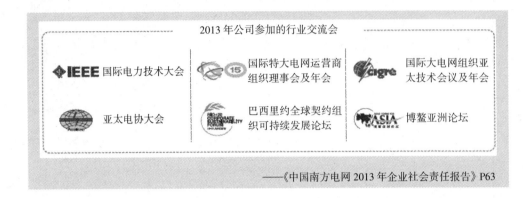

——《中国南方电网 2013 年企业社会责任报告》P63

五、社会绩效（SP 系列）

社会绩效主要描述企业对社会责任的承担和贡献，主要包括政府责任、员工责任和社区责任三个方面的内容（见图 4-6）。政府责任是现阶段我国企业履行社会责任的重要内容之一，主要描述企业响应政府号召，对政府负责的理念、制度、措施及绩效；员工责任主要描述企业对员工负责，促进员工与企业共同成长的理念、制度、措施、绩效及典型案例；社区责任主要描述企业对社区的责任贡献。

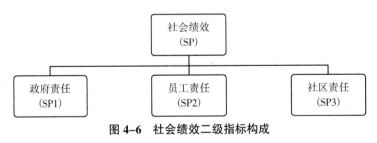

图 4-6　社会绩效二级指标构成

（一）政府责任（SP1）

政府责任主要包括守法合规、政策响应、税收贡献以及带动就业等。

1. 守法合规

核心指标　SP1.1 守法合规体系

指标解读：本指标主要描述企业的法律合规体系，包括守法合规理念、组织体系建设、制度建设等。

合规（Compliance）通常包含以下两层含义：①遵守法律法规及监管规定；②遵守企业伦理和内部规章以及社会规范、诚信和道德行为准则等。"合规"首先应做到"守法"，"守法"是"合规"的基础。

核心指标 SP1.2 守法合规培训及绩效

指标解读：本指标主要描述企业组织的守法合规培训活动，包括法律意识培训、行为合规培训、反腐败培训、反商业贿赂培训等。

> **示例：**
>
> 警示教育 筑牢廉洁从业思想防线。
>
> 2013 年 8 月，公司开展"为民务实清廉 改进工作作风"主题纪律教育月活动。云南电网曲靖供电局推进廉洁风险防控工作，组织 115 名党员干部、新提拔副科级以上人员、关键岗位人员及部分供电所长参观曲靖市反腐倡廉警示教育基地，听取服刑人员忏悔，观看警示教育片，以案警示，筑牢廉洁从业思想防线。
>
> ——《中国南方电网 2013 年企业社会责任报告》P53

扩展指标 SP1.3 守法合规审核绩效

指标解读：本指标包括企业规章制度的法律审核率、企业经济合同的法律审核率和企业重要经营决策的法律审核率。

核心指标 SP1.4 禁止商业贿赂和商业腐败

指标解读：本指标主要描述企业在反腐败和反商业贿赂方面的制度和措施等。

（1）商业贿赂行为是不正当竞争行为的一种，是指经营者为销售或购买商品而采用财物或者其他手段贿赂对方单位或者个人的行为。

（2）商业腐败按对象可以划分为两种类型，一种是企业普通经营活动中的行贿受贿行为，即通常意义上的商业贿赂；另一种是经营主体为了赢得政府的交易机会或者是获得某种经营上的垄断特权而向政府官员提供贿赂。

> **示例：**
>
> 中央高度重视党风廉政建设，深入推进反腐倡廉工作。公司将落实"八

项规定"精神作为党的群众路线教育实践活动的切入口，完善作风建设规章制度体系，形成加强作风建设长效机制，从源头预防和治理腐败。

——《中国南方电网 2013 年企业社会责任报告》P53

不想腐	思想源头抵制腐败	深入开展党风党纪和廉洁自律教育，举办廉洁从业研讨班，组织任前廉洁谈话，运用各类媒体强化廉洁意识；开展以"为民务实清廉，改进工作作风"为主题的纪律教育月活动，党员干部受教育率达 100%
不能腐	制度源头严防腐败	有效推进建章立制工作，进行制度"废改立"，层层落实责任；突出"四风"专项整治，从制度上有效规范行为，堵塞滋生腐败漏洞
	监督检查遏制腐败	完善监督管理委员会职能，监督检查"八项规定"贯彻落实情况，推进廉洁风险防控，加强领导决策权力运行监督与主营业务内控监督
不敢腐	责任追究惩治腐败	严格依纪依法查处腐败案件，加大查办案件和纠风工作力度，查处违纪典型问题；加强案件剖析，从体制机制层面查找原因，发挥查办案件的治本职能

——《中国南方电网 2013 年企业社会责任报告》P53

核心指标　SP1.5 法律风险管理的措施

指标解读：本指标主要描述企业在法律风险管理方面所采取的措施。

示例：

公司健全法律风险防范长效机制，全面梳理关键领域法律风险，以"法律诊所"为载体，创新法律服务方式，增强法律风险管控能力。

● 健全法律风险防范机制

融入业务节点	开展法律风险梳理，将风险防控与业务流程节点对应，实现法律风险防控与业务高度融合
融入岗位职责	找准法律风险高发业务领域，编制 41 个岗位法律风险防控手册，完善法律风险管理体系
融入合同管理	以合同精细化管理为切入点，实现合同法律风险全过程管控

| 融入基层工作 | 加强"法律诊所"品牌化建设，开展"法律诊所"巡回法律咨询，解决基层重大法律问题 |
| 融入文化建设 | 全面启动法治文化建设，打造"知法于心，守法于行"的法治文化理念，全年共培训 61814 人次 |

● 妥善处理法律纠纷

——《中国南方电网 2013 年企业社会责任报告》P52

核心指标　SP1.6 效能监察的措施

指标解读：本指标主要描述企业开展效能监察所采取的措施及取得的成效。

示例：

公司围绕"三重一大"决策制度、固定资产投资建设、物资采购招投标等生产经营管理的重点领域和关键环节，结合改革发展实际开展效能监察，提高企业发展质量和效益。

● 推行固定资产投资建设重点项目监察专员制度，促进重点项目规范化管理，共发现问题 589 个，提出监察建议 460 条。

● 派出监事会进驻各省公司，通过检查、调研、督察等措施，增强监督能力，依法确保企业持续稳健发展。

● 通过效能监察，间接创造经济效益 3.57 亿元。

——《中国南方电网 2013 年企业社会责任报告》P53

2. 政策响应

核心指标　SP1.7 确保就业及带动就业的措施

指标解读：促进经济发展与扩大就业相协调是社会和谐稳定的重要基础。根据《中华人民共和国就业促进法》（2007），"国家鼓励各类企业在法律、法规规定的范围内，通过兴办产业或者拓展经营，增加就业岗位"、"国家鼓励企业增加就业岗位，扶持失业人员和残疾人就业"。

扩展指标　SP1.8 报告期内吸纳就业人数

指标解读：企业在报告期内吸纳的就业人数包括但不限于：应届毕业生、社会招聘人员、军转复原人员、农民工、劳务工等。

示例：

年 份	2010	2011	2012	2013
当年新提供的就业人数（万人）	1.78	1.68	1.83	1.63

——《国家电网公司 2013 年社会责任报告》P103

核心指标　SP1.9 带动地区经济发展情况

指标解读：本指标指企业对地区经济发展做出的贡献；公司通过支持社区成员创业、与社区成员共享企业的福利设施等形式，促进运营所在社区的经济社会发展。

示例：

公司结合各分、子公司所在供电区域的战略定位，充分发挥资源配置平台作用，统筹兼顾东西部电力供应，为五省区经济社会发展提供电力支撑。

——《中国南方电网 2013 年企业社会责任报告》P57

核心指标　SP1.10 自觉维护电力市场秩序、促进电力市场发展的措施及成效

指标解读：本指标指企业遵守行业规范和商业道德，自觉维护市场秩序，不采取阻碍互联互通、掠夺性定价等不正当经营手段；企业遏制窃电的措施及成效。

示例：

反窃电是一项长期而艰巨的工作，需要全社会树立"诚信用电、窃电违法"的意识，发挥我们共同的力量，将反窃电进行到底。公司全年查处窃电案件 5576 宗，追收电费 4603 万元，追收违约使用电费 8682 万元。

线损监测

- 利用信息手段促进线损精益化管理，系统实时监测，定位窃电嫌疑客户
- 开展现场检查，加强巡视监督，及时发现窃电漏洞

 警企合作

- 联合属地公安机关突击排查，构建打击窃电工作网络
- 开展打击窃电专项整治行动，严格按照相关法律规定处理窃电犯罪
- 持续推进地方电力立法，推动电力行政执法

 公众参与

- 开展"反窃电、违约用电"宣传活动，发放宣传资料，提高公众认知
- 借助各类媒体曝光重大窃电案件，形成共同打击窃电的社会氛围

发现 →

举报 →

奖励

拨打 110

拨打 95598

追回窃电金额的 5%~20%
最高达 50 万元

——《中国南方电网 2013 年企业社会责任报告》P54

（二）员工责任（SP2）

员工责任主要包括员工基本权益保护、薪酬福利、平等雇佣、职业健康与安全、职业发展和员工关爱六大板块，每个板块又分为若干指标。

1. 基本权益保护

核心指标 SP2.1 按雇佣合同（正式员工和非正式员工）和性别分别报告员工总数

指标解读： 从业人员指年末在本企业实际从事生产经营活动的全部人员，包括在岗的职工（合同制职工）、临时工及其他雇佣人员、留用人员，不包括与法人单位签订劳务外包合同的人员，不包括离休、退休人员。

示例：

● 员工结构

截至 2013 年底，公司员工总数为 31.6 万人，其中女性员工比例 24.1%，员工队伍结构更趋合理。

——《中国南方电网 2013 年企业社会责任报告》P64

核心指标 SP2.2 保障公开、公平、公正招聘的制度与措施

指标解读：企业保障公开、公平、公正招聘的制度与措施。

> **示例：**
>
> 开放高校毕业生招聘平台，规范招聘流程。
>
> ——《国家电网公司 2013 年社会责任报告》P103

核心指标 SP2.3 劳动合同签订率

指标解读：劳动合同签订率指报告期内企业员工中签订劳动合同的比率。

> **示例：**
>
> 严格执行国家劳动法律法规，在岗员工 100% 签订劳动合同。
>
> ——《国家电网公司 2013 年社会责任报告》P103

核心指标 SP2.4 集体谈判与集体合同覆盖情况

指标解读：本指标指对雇佣关系等问题进行平等协商，以保障劳方应有权益的措施，包括集体谈判与集体合同覆盖率。

> **示例：**
>
> 公司遵守劳动合同法等法律法规，尊重人权，保护员工隐私，倡导员工多元化，畅通员工诉求渠道，保障员工权益。全年未发生重大劳动争议。
>
> 三年来公司 16 家分、子公司本部及 320 家单位全部规范用工管理，构建和谐劳动关系。
>
> ——《中国南方电网 2013 年企业社会责任报告》P65

核心指标 SP2.5 社会保险覆盖率

指标解读：本指标主要指企业正式员工中"五险一金"的覆盖比例。

> **示例：**
>
> 建立现代化的薪酬管理体系，保障每位员工享受足额缴纳养老、医疗、

工伤、生育和失业保险等各项社会保险，社会保险员工覆盖率 100%。

——《国家电网公司 2013 年社会责任报告》P103

核心指标 SP2.6 民主管理

指标解读：根据《公司法》、《劳动法》、《劳动合同法》等规定，企业实行民主管理主要有三种形式：职工代表大会、厂务公开以及职工董事、职工监事。此外，职工民主管理委员会、民主协商会、总经理信箱等也是民主管理的重要形式。

示例：

公司定期召开职工代表大会，推动厂务公开民主管理制度化建设，保障员工民主决策、民主管理和民主监督权利，充分发挥员工主体作用。

● 召开职代会联席会议，审议通过《公司劳动用工管理办法》等三项管理制度。

● 建立工会联系职工代表、工会干部联系基层单位（联系点）制度，设置工会主席信箱，建立畅通的员工沟通平台和机制，及时反馈解决员工诉求。

——《中国南方电网 2013 年企业社会责任报告》P65

核心指标 SP2.7 参加工会的员工比例

指标解读：根据《工会法》、《中国工会章程》等规定，所有符合条件的企业都应该依法成立工会，维护职工合法权益是工会的基本职责。

示例：

指标	2009 年	2010 年	2011 年	2012 年	2013 年
工会组织（个）	1066	1175	1236	1252	1936

——《国家电网公司 2013 年社会责任报告》P90

扩展指标 SP2.8 通过申诉机制申请、处理和解决的员工申诉数量

指标解读：员工申诉是指员工在工作中认为受到不公正待遇或发现企业经营中不合规的行为等，通过正常的渠道反映其意见和建议。依据申诉对象的不同，

员工申诉可分为企业内部申诉和企业外部申诉，即劳动仲裁，本指标所指的员工申诉主要指企业内部申诉。

> **示例：**
>
> 征集处理提案和员工合理化建议。通过职工代表大会征求提案 191 件，答复处理率 100%，征求员工合理化建议 22.8 万条。
>
> ——《国家电网公司 2013 年社会责任报告》P105

扩展指标 SP2.9 员工满意度调查及满意度

指标解读：员工满意度是指员工接受企业的实际感受与其期望值比较的程度。即：员工满意度=实际感受/期望值。员工满意度也称雇员满意度，是企业的幸福指数，是企业管理的"晴雨表"，是团队精神的一种参考。

> **示例：**
>
> 2013 年，公司开展"幸福南网"第二次测评，结果显示公司层面与个体层面幸福指数较 2011 年分别提高 5 分和 2 分，"幸福南网"提升措施初显成效。

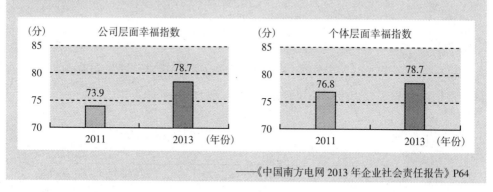

> ——《中国南方电网 2013 年企业社会责任报告》P64

扩展指标 SP2.10 员工流失率调查及流失率

指标解读：员工年度流失率=年度离职人员总数/（年初员工总数+年度入职人员总数）

示例：

岗位变动充分考虑员工意愿，争取员工信任和理解。2013年，公司全资控股单位职工离职率低于0.64%。

——《国家电网公司2013年社会责任报告》P103

扩展指标 SP2.11 规范农电用工的制度与措施

指标解读： 本指标指企业为推进农电用工规范管理采取的制度与措施。

示例：

公司坚持依法用工，构建和谐劳动关系，将农电工纳入一体化用工管理体系，逐步实现同一责任主体内同岗同工同酬。

由于历史原因，县级供电企业产权关系复杂，直管、代管等多种管理模式并存，农电用工管理不规范，劳动关系不清晰，分配制度不统一，社会保障不完善。公司建立"以法人为责任主体、以劳动合同管理为核心、以岗位管理为基础"的劳动用工机制，在组织机构设置、人员结构、工资制度与业绩考核体系方面进行改革，促进县级供电企业和谐发展。

——《中国南方电网2013年企业社会责任报告》P5

扩展指标 SP2.12 保护员工个人信息和隐私

指标解读： 员工具有工作隐私权，赋予雇员隐私权是对雇员人格尊严的尊重。企业应建立覆盖招聘、考核等各人力资源管理环节的隐私管理体系。

示例：

保护员工个人信息与隐私，关键信息实施加密管理，确保员工个人信息安全。

——《国家电网公司2013年社会责任报告》P103

2. 薪酬福利

核心指标 SP2.13 薪酬体系

指标解读： 员工最低工资是指劳动者在法定工作时间提供了正常劳动的前提

下，其所在用人单位必须按法定最低标准支付的劳动报酬，其中不包括加班工资、特殊工作环境的津贴、法律法规和国家规定的劳动者福利待遇等。各地最低工资标准由省、自治区、直辖市人民政府规定。

> **示例：**
>
> 薪酬管理。
>
> 形成了公司统一的分配制度体系，收入分配向一线员工倾斜。
>
> ——《中国南方电网 2013 年企业社会责任报告》P65

扩展指标　SP2.14 保障同工同酬的措施、进展及成效

指标解读： 本指标指企业保障同工同酬的措施、进展及成效（包括农电工）。

> **示例：**
>
> 尊重工作场所机会均等和员工多元化，坚持同工同酬、男女平等、民族平等的用工政策，反对使用童工。
>
> ——《国家电网公司 2013 年社会责任报告》P103

核心指标　SP2.15 福利体系

指标解读： 福利是员工的间接报酬，包括但不限于为减轻职工生活负担和保证职工基本生活而建立的各种补贴、为职工生活提供方便而建立的集体福利设施、为活跃职工文化生活而建立的各种文化体育设施等。

扩展指标　SP2.16 超时工作报酬

指标解读： 本指标指企业为超出法定工作时间而支付的报酬总额，其中法定工作时间由政府规定。

扩展指标　SP2.17 每年人均带薪年休假天数

指标解读： 带薪年休假是指劳动者连续工作一年以上，就可以享受一定时间的带薪年假。其中，职工累计工作已满 1 年不满 10 年的，年休假 5 天；已满 10 年不满 20 年的，年休假 10 天；已满 20 年的，年休假 15 天。具体操作可参考 2007 年 12 月 7 日国务院第 198 次常务会议通过的《职工带薪年休假条例》。

示例：

建立合理的带薪休假制度，工作 10 年以下带薪休假 5 天，工作 10 年以上、20 年以下带薪休假 10 天，工作 20 年及以上带薪休假 15 天。维护所有员工的产假/陪产假权益。

——《国家电网公司 2013 年社会责任报告》P103

3. 平等雇佣

核心指标　SP2.18 女性管理者比例

指标解读：管理人员主要指具体从事经营管理的人员，包括各级经理人如规划计划、人力资源、市场营销、资本运营、财务审计、生产管理、法律事务、质量安全环保、行政管理等部门经理、主管等。

示例：

截至 2013 年底，公司共拥有员工 11360 人，其中女性员工比例为 23.65%，中层及以上管理人员中女性比例为 18.72%。

——《中国南方电网广州供电局有限公司 2013 年社会责任实践》P41

扩展指标　SP2.19 少数民族或其他种族员工比例

指标解读：本指标主要指公司内部正式员工中少数民族或其他种族员工所占比例。

核心指标　SP2.20 残疾人雇佣率或雇佣人数

指标解读：根据《中华人民共和国就业促进法》规定："国家保障残疾人的劳动权利，用人单位招用人员，不得歧视残疾人。"

4. 职业健康与安全

核心指标　SP2.21 职业健康安全管理措施及成效

指标解读：本指标指企业对职业健康安全的目标、职业健康安全方面采取的具体措施，员工职业健康安全、心理健康、户外工作人员的安全、为帮助员工及家人而推行的各类项目的实施情况及取得的主要成效。

示例:

改善生产作业条件,创造规范、安全的现场作业环境。建立完善的生产组织和管理模式全过程风险管控机制。为从事高危工作员工提供安全作业条件,全年未发生重大人身伤亡事故。

——《国家电网公司 2013 年社会责任报告》P105

扩展指标 SP2.22 年度新增职业病和企业累计职业病

指标解读: 本指标披露企业年度新增职业病和近五年企业累计的职业病人数。

核心指标 SP2.23 职业安全健康培训

指标解读: 职业安全健康培训主要指企业针对员工开展的关于职业安全健康知识、预防等内容的培训。

示例:

公司重视员工职业安全健康,注重安全文化建设,为员工提供安全健康工作环境,积极预防员工人身安全事故和职业危害事件发生。全年未发生职业病病例。

● 推进安全风险体系建设,创新安全技能培训方式,开展各类安全技能竞赛,形成"基于风险、全员参与、分享互助、持续改进"的安全文化。全年开展安全技术技能培训 15.7 万人次。

● 定期组织员工体检,建立员工医疗健康档案库,健全员工重大疾病应急联动机制。

——《中国南方电网 2013 年企业社会责任报告》P65

扩展指标 SP2.24 员工心理健康制度和措施

指标解读: 员工心理健康是企业成功的必要因素,企业有责任营造和谐的氛围,帮助员工保持心理健康。

示例:

内外结合关爱员工,在公司内部将员工辅导计划融入日常工作;外部启动员工心理援助项目,有效舒缓员工压力。

——《中国南方电网深圳供电局有限公司 2013 年社会责任实践》P47

核心指标 SP2.25 体检及健康档案覆盖率

指标解读： 本指标指企业员工中年度体检的覆盖率和职业健康档案的覆盖率。

示例：

指　标	完成情况
体检覆盖率	100%

——《中国南方电网 2013 年企业社会责任报告》P67

5. 职业发展

核心指标 SP2.26 员工职业发展通道

指标解读： 职业通道指一个员工的职业发展计划，职业通道模式主要有三类：单通道模式、双通道模式、多通道模式，按职业性质又可分为管理类、技术类、研发类职业通道。

示例：

公司畅通员工发展通道，引导员工结合自身优势和兴趣规划职业生涯。注重对员工的非物质激励，认同员工价值。

● 拓宽专业技术技能人才发展通道，全面修订技术专家管理办法，完善技术技能专家选聘和管理机制。全年共选聘 8 位高级技术专家、6 位高级技能专家，成立 95 个劳模工作室及 QC 攻关小组。

● 开展"创先杯"职工技能竞赛，以赛促学、以赛带训，提升员工技能水平和履职能力。通过竞赛共产生 15 名公司技术能手，其中 9 名被评为中央企业技术能手。

● 表彰杰出员工代表，连续三年开展"感动南网"评选活动。

——《中国南方电网 2013 年企业社会责任报告》P66

核心指标 SP2.27 员工培训情况

指标解读： 企业培训体系是指在企业内部建立一个系统的、与企业的发展以及员工个人成长相配套的培训管理体系、培训课程体系、培训师资体系以及培训实施体系。

示例：

公司基于员工岗位胜任能力，深化培训与评价体系建设，加大培训基地建设力度，深入挖掘员工潜能。全年培训员工 64.47 万人次，其中培训基层班组长 6112 人次。

网、省、地、县，四级机构员工培训"全覆盖"	
平台建设 • 完成 273 个技能实训室（平台）建设 • 开发安全体感培训项目 20 个，获得国家实用新型专利 9 项	**多元培训** • 实施分层分类分专业培训 • 全年举办各类培训班 8324 期，培训员工 64.47 万人次
教材开发 • 编制技能人员培训教材规划，开发完善技能人员培训教材	**师资储备** • 建立含 6912 名内部培训师、554 名外部培训师的师资库

——《中国南方电网 2013 年企业社会责任报告》P66

6. 员工关爱

扩展指标　　SP2.28 困难员工帮扶投入

指标解读： 本指标主要指企业在帮扶困难员工方面的政策措施以及资金投入。

示例：

指　标	完成情况
困难员工帮扶投入	1415.5 万元

——《中国南方电网 2013 年企业社会责任报告》P67

扩展指标　　SP2.29 关爱特殊群体（如孕妇等）

指标解读： 本指标主要指企业为孕妇、哺乳妇女等特殊人群提供的保护设施、保护措施以及特殊福利待遇。

示例：

关爱离退休员工。落实党和国家各项离退休政策，为现有 345752 名离退休人员建设活动场所 2149 个、老年大学 53 所，日均活动人数近 57000 人。

关爱女职工。开展"书香国网　牵手幸福"读书征文活动，展现广大女职工"自立、自强、自尊、自信"的良好风貌。

实施困难员工帮扶，开展爱心扶助和送温暖活动。

——《国家电网公司 2013 年社会责任报告》P105

核心指标　SP2.30 确保员工工作和生活平衡

指标解读：工作生活平衡，又称工作家庭平衡，是指企业帮助员工认识和正确看待家庭同工作间的关系，调和工作和家庭的矛盾，缓解由于工作家庭关系失衡而给员工造成的压力。

示例：

公司关心员工生活，开展员工辅导计划，定期组织有益身心健康的活动，打造和谐温暖的"幸福南网——职工之家"，让员工感受特色"家"文化。

网、省、地、县，四级机构员工培训"全覆盖"	
平台建设 ● 完成 273 个技能实训室（平台）建设 ● 开发安全体感培训项目 20 个，获得国家实用新型专利 9 项	多元培训 ● 实施分层分类分专业培训 ● 全年举办各类培训班 8324 期，培训员工 64.47 万人次
教材开发 ● 编制技能人员培训教材规划，开发完善技能人员培训教材	师资储备 ● 建立含 6912 名内部培训师、554 名外部培训师的师资库

——《中国南方电网 2013 年企业社会责任报告》P67

（三）社区责任（SP3）

社区责任主要包括本地化运营、服务"三农"和社会公益三个方面内容，每个内容又分为若干指标。

1. 本地化运营

核心指标 SP3.1 员工本地化政策

指标解读：员工本地化是指企业在运营过程中应优先雇佣所在地劳动力。其中，员工本地化最重要的是管理层（尤其是高级管理层）的本地化。

示例：

坚持可持续发展理念。将可持续发展作为企业战略，坚持企业本地化运营。遵守当地法律法规，尊重当地宗教习俗与民族文化，为当地社会创造就业岗位。在接管 ACS 项目资产的同时，最大程度接收了项目原有员工。

——《国家电网公司 2013 年社会责任报告》P70

扩展指标 SP3.2 本地化雇佣比例

指标解读：本指标主要指本地员工占运营所在地机构员工的比例。

扩展指标 SP3.3 高层管理者中本地人员比例

指标解读：本指标主要指高层管理者中的本地化雇佣比例。

扩展指标 SP3.4 本地化采购政策

指标解读：企业可通过支持社区成员创业、与社区成员共享企业的福利设施等形式，促进运营所在社区的经济社会发展。

示例：

坚持服务当地经济社会发展环境和谐。尊重国际惯例和当地文化传统，对海外项目开展社会责任风险评估，与全球电力行业知名电力企业建立了稳固合作关系，共同促进当地可持续发展。

——《国家电网公司 2013 年社会责任报告》P70

2. 服务"三农"

核心指标 SP3.5 农村电网建设、改造情况

指标解读：本指标指年内农村电网建设投资及同比增长率，农村电网线路新建和改造的长度。

示例：

关注新农村建设、新型城镇化等农村用电需求新变化，持续完善农网网架结构，实现每个县域内建成一个以上 110 千伏电源点，基本构建"安全可靠、节能环保、技术先进、管理规范"的新型农村电网。

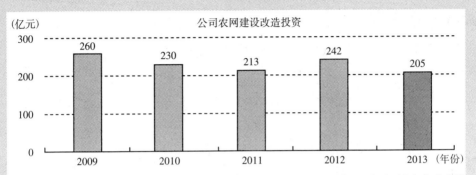

注：随着国家经济结构调整，近年来中央预算内农网改造投资相对减少，但公司积极加大自筹资金投入，保持稳定的农网改造投资水平，约为电网建设总投资的三分之一。

——《中国南方电网 2013 年企业社会责任报告》P5

核心指标　SP3.6 减轻农民负担的措施及成效

指标解读：本指标指企业为减轻农民负担采取的措施，包括减轻农民经济负担以及受益人群等。

示例：

● 电，让农村经济活起来

根据各省区农业生产特点，公司安排专项资金对广西木材加工、云南烤烟生产和大棚蔬菜种植、贵州茶叶加工、海南海产养殖等供电设施实施改造升级，满足农村生产用电需求。

● 电，让农民生活靓起来

农村供电质量持续提高，农民不再被电压不稳、时常跳闸等问题困扰，安心用上电冰箱、空调、电磁炉等现代家电，生活质量显著提升。

——《中国南方电网 2013 年企业社会责任报告》P6

核心指标 SP3.7 提升农电服务水平的措施及成效

指标解读：本指标指企业为提升农电服务水平所采取的措施及取得的主要成效。

示例：

强化农电企业为民服务意识，推进城乡供电服务一体化，缩小城乡供电差距，持续提升农电服务水平。大部分县级供电企业在当地行风评议中名列前茅。

● 提供便捷用电服务。实现农村供电服务营业窗口覆盖80%以上的乡镇和1/3以上的行政村，满足农村客户业务办理需求。

● 兑现农电服务承诺。增强供电服务主动性，提高用电业务办理效率，实现"95598"服务热线全面覆盖农村地区。农村供电服务承诺兑现率达100%。

——《中国南方电网2013年企业社会责任报告》P6

扩展指标 SP3.8 少数民族特色供电服务情况

指标解读：本指标指企业为保护少数民族文化、服务民族地区发展开展的民族地区电网建设及为少数民族提供的特色供电服务。

示例：

南方五省区广泛分布着壮族、瑶族、苗族等34个少数民族，据第六次全国人口普查统计，南方五省区少数民族人口数量4851万人，占五省区总人口的20%。少数民族聚居区一般地处偏远，交通条件不便。我们充分尊重少数民族群众传统文化、风俗习惯和乡土情结，注重保护文化多样性，怀着"点亮万家 虽远必达"的信念，将电力送到少数民族群众每一家、每一户，为促进民族和谐做出积极努力。

在592个国家扶贫开发工作重点县中，南方五省区域内有156个，占全国的26%。我们心系边远贫困地区，关注弱势群体，向贫困地区投入更多资源，为贫困地区群众提供同网同价、管理同标、服务同质的供电服务，将优质、清洁、高效的电力送到贫困地区每一个家庭，助力当地经济社会发展，为当地群众送去光明和幸福。

——《中国南方电网2013年企业社会责任报告》P4

3. 社会公益

核心指标 SP3.9 公益方针或主要公益领域

指标解读：本指标主要指企业的社会公益政策以及主要的公益投放领域。

示例：

对口援助与电力帮扶。

援藏。在西藏完成投资43.2亿元，增长率远超公司平均水平。援助阿里地区措勤县资金2550万元，优先安排改善民生、增强农牧民生产就业技能的援助项目。

援疆。在新疆完成投资105.9亿元，比2012年增长40.9%，显著高于公司平均水平。加快推进全疆13个地州81个县市农网改造升级工程，实施无电地区电力工程建设，解决6.02万户、20.66万无电人口用电问题。

援青。在青海省完成投资2.4875亿元。加快无电地区电力建设，解决1.28万户、5.11万无电人口用电问题。援助青海省果洛州玛多县资金1080万元，建设示范村供电项目、人畜饮水安全工程、河源新村卫生院及玛多县农畜产品交易市场等项目。

扶贫。从1995年起，持续19年定点扶贫湖北省秭归县、长阳县、巴东县、神农架林区、青海省玛多县。累计投入21.85亿元资金建设电网的同时，投入专项扶贫资金8826万元，带动地方投入21346万元。在全国各地实施定点扶贫项目220项，投入资金4145.5万元。深入开展助学、助老、助残活动，与中国残疾人福利基金会共同实施积善工程，累计投入1981.2万元开展助学活动。

——《国家电网公司2013年社会责任报告》P49

扩展指标 SP3.10 公益基金或基金会

指标解读：本指标主要描述企业成立的公益基金/基金会，以及公益基金会/基金会的宗旨和运营领域。

示例：

指　标	2009 年	2010 年	2011 年	2012 年	2013 年
公司对外捐赠额（亿元）	1.84	2.3	1.08	1.47	1.16
其中通过"国家电网公益基金会"实施	—	0.21	0.33	0.64	0.085

——《国家电网公司 2013 年社会责任报告》P90

核心指标　SP3.11 捐赠总额

指标解读：本指标主要指企业年度资金捐助以及年度物资捐助总额。

示例：

指　标	2009 年	2010 年	2011 年	2012 年	2013 年
对外捐赠总额（万元）	6712	23274	8280	3093	4790

——《中国南方电网 2013 年企业社会责任报告》P86

核心指标　SP3.12 支持志愿者活动的措施及绩效

指标解读：志愿服务是指不以获得报酬为目的，自愿奉献时间和智力、体力、技能等，帮助他人、服务社会的公益行为。支持志愿者活动的绩效主要指志愿者活动的时间、人次等数据。其中，志愿服务时间是指志愿者实际提供志愿服务的时间，以小时为计量单位，不包括往返交通时间。

示例：

连续 11 年组织开展"青春光明行"志愿服务活动，组织广大青年志愿者开展"青春建功特高压"、"青春光明行——走进光明驿站"、"我的中国梦·青春国网情"团员青年主题教育实践、"高原阳光"助学支教等活动，3 万余名青年志愿者走进乡村、社区、企业、学校，走进福利院、养老院开展志愿服务活动。2013 年，成立 260 余支青年志愿者突击队，7000 余名青年志愿者奋战在川藏联网工程建设、四川雅安地震抢险、抗击台风"菲特"、罕见高温保电等最前线。公司青年志愿者达到近 45 万名，全年参与志愿服务活动超过 71.3 万人次。

指 标	2009 年	2010 年	2011 年	2012 年	2013 年
员工志愿服务（万人次）	62	63	64	65	71.3

——《国家电网公司 2013 年社会责任报告》P52&P90

扩展指标 SP3.13 海外公益

指标解读：本指标包括企业在中国大陆之外开展的公益活动和企业向中国大陆以外地区的捐赠等。

示例：

为巴西经济社会发展做出贡献。

开展"马累交响乐团"项目。为来自于里约热内卢州马累地区的儿童与青少年提供义务音乐培训，培养音乐技能，挖掘专业音乐人才。在保证高质量的定期培训外，邀请业界大师对学员进行指导，为当地儿童与青少年提供了培养兴趣、实现梦想的机会。

助力巴西教育和体育事业发展。通过利用"税收激励"政策，赞助中巴文化体育交流和巴西贫困阶层青少年教育项目。资助里约热内卢的 10 所学校推广乒乓球项目，赞助巴西乒乓球联盟举办 2013 年巴西乒乓球公开赛，帮助选拔和培养本土优秀的乒乓球运动员。捐赠巴伊亚州的学校建立电力工作室，2013 年共培训 45 名学生。

——《国家电网公司 2013 年社会责任报告》P71

六、环境绩效（EP 系列）

环境绩效主要描述企业在环境管理、节能减排和绿色生态方面的责任贡献，如图 4-7 所示。

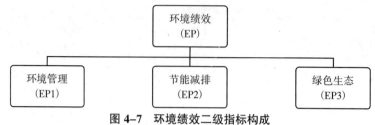

图 4-7　环境绩效二级指标构成

（一）环境管理（EP1）

1. 环境管理体系

核心指标　EP1.1 建立环境管理组织和制度体系

指标解读：企业应建立环境管理组织负责公司的环境管理工作，并制定相应计划、执行、检查、改进等环境管理制度。

示例：

自觉推进绿色发展、循环发展、节约发展、低碳发展，大力推动清洁能源发展，坚持资源可持续利用，保持企业运营环境友好，积极应对气候变化，最大限度增进生态文明，共建美丽中国。

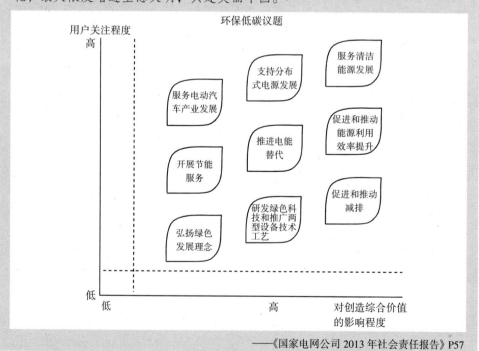

——《国家电网公司 2013 年社会责任报告》P57

<u>核心指标</u> EP1.2 环保预警机制及应急机制

指标解读：本指标指企业应建立环境预警机制，以识别、监测和评估潜在的事故或紧急情况，采取措施预防和减少可能的环境影响，针对各种环境事故制定并演练应急预案。

<u>扩展指标</u> EP1.3 参与或加入的环保组织或倡议

指标解读：本指标包括两方面的内容，即企业加入的环保组织和企业参与的环保倡议。

示例：

全面启动电能替代工作。制定印发了《国家电网公司电能替代实施方案》，积极倡导"以电代煤、以电代油、电从远方来"的能源消费新模式，在各省公司成立专项领导小组和工作小组，力争到 2015 年累计实现替代电量 1000 亿千瓦时。组织召开"安全·高效·清洁——2013 中国绿色电能高峰论坛"，争取社会资源形成电能替代工作合力。

——《国家电网公司 2013 年社会责任报告》P62

<u>核心指标</u> EP1.4 环保总投入

指标解读：本指标指年度投入环境保护的资金总额。

<u>核心指标</u> EP1.5 环保培训与宣传

指标解读：本指标指企业对员工（或利益相关方）开展的关于环境保护方面的培训或宣传活动。

<u>核心指标</u> EP1.6 服务低碳经济发展的措施及成效

指标解读：本指标指企业支持电动汽车产业、太阳能发电、生物质能发电等低碳产业发展的措施和取得的成效。

示例：

支持电动汽车产业发展。

公司根据政府政策要求，积极稳妥支持电动汽车发展。截至 2013 年底，公司共建设运营充、换电站 18 座，体验中心 1 座，充电桩 3256 台。累计提供充换电服务超过 75 万车次，充电电量 2340 万千瓦时，支持里程 9440 万公里，可节约替代 944 万吨标油，折合减排二氧化碳 1.5 万吨。

——《中国南方电网 2013 年企业社会责任报告》P45

2. 绿色办公

扩展指标 **EP1.7 办公节水、节电、节纸等措施及成效**

指标解读：本指标指企业实施绿色办公的主要措施，以及节约的办公用纸、用水、用电，以及用油的量。绿色绩效包括办公用电量、用水量、用纸量以及垃圾处理量等方面的数据。绿色办公的措施，包括但不限于以下内容：

（1）夏季空调温度不低于 26℃；

（2）办公区采用节能灯具照明，且做到人走灯灭；

（3）办公区生活用水回收再利用；

（4）推广无纸化办公，且打印纸双面使用；

（5）办公垃圾科学分类；

（6）推行视频会议减少员工出行等。

示例：

公司认真贯彻落实中央"八项规定"精神和厉行节约、反对浪费的要求，加大办公环节节能减排力度，带动员工节约能源。

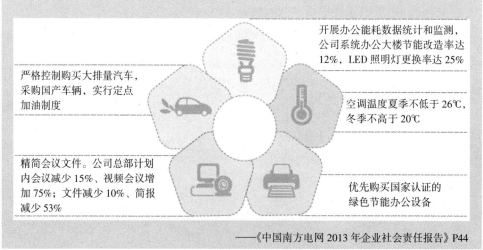

开展办公能耗数据统计和监测，公司系统办公大楼节能改造率达 12%，LED 照明灯更换率达 25%

严格控制购买大排量汽车，采购国产车辆，实行定点加油制度

空调温度夏季不低于 26℃，冬季不高于 20℃

精简会议文件。公司总部计划内会议减少 15%、视频会议增加 75%；文件减少 10%、简报减少 53%

优先购买国家认证的绿色节能办公设备

——《中国南方电网 2013 年企业社会责任报告》P44

扩展指标 EP1.8 因电话、视屏会议减少的差旅次数

指标解读：本指标指企业同比减少出差的次数，相当于减排二氧化碳量。

示例：

指 标	完成情况
减少公务旅行节约的能源	折合减少二氧化碳 37875 吨

——《中国南方电网 2013 年企业社会责任报告》P44

扩展指标 EP1.9 绿化的措施及成效

指标解读：本指标指企业绿化方面采取的措施，包括绿化面积等。

（二）节能减排（EP2）

节能减排主要包括电源侧节能减排、电网侧节能和客户侧节能三个方面。

1. 电源侧节能减排

核心指标 EP2.1 不同电源类别的装机容量情况及中长期电源结构

指标解读：本指标指各类电源装机的结构。

示例：

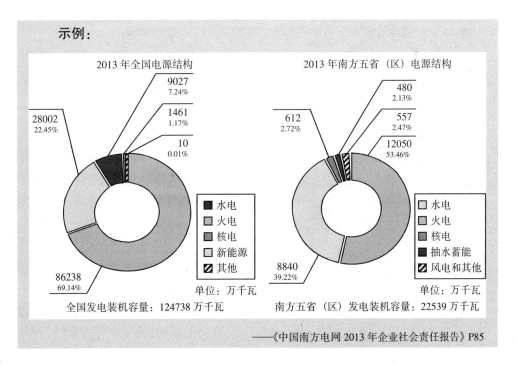

——《中国南方电网 2013 年企业社会责任报告》P85

核心指标　　EP2.2 非化石能源装机容量占比

示例：

南方五省区水电资源丰富，新能源发展潜力较大，煤炭资源相对缺乏。公司结合区域资源禀赋，提高水电、核电、新能源等清洁能源发电并网比重。截至 2013 年底，南方电网非化石能源装机容量占总装机容量的 46.5%，高于全国 30.9% 的平均水平。

——《中国南方电网 2013 年企业社会责任报告》P39

核心指标　　EP2.3 非化石能源容量发电量占比

示例：

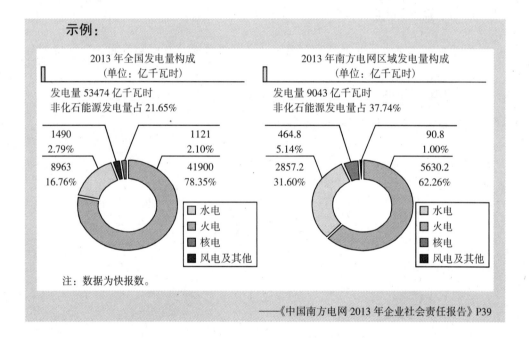

2013 年全国发电量构成
（单位：亿千瓦时）

发电量 53474 亿千瓦时
非化石能源发电量占 21.65%

1490　2.79%
1121　2.10%
8963　16.76%
41900　78.35%

2013 年南方电网区域发电量构成
（单位：亿千瓦时）

发电量 9043 亿千瓦时
非化石能源发电量占 37.74%

464.8　5.14%
90.8　1.00%
2857.2　31.60%
5630.2　62.26%

水电
火电
核电
风电及其他

注：数据为快报数。

——《中国南方电网 2013 年企业社会责任报告》P39

核心指标　EP2.4 万元产值综合能耗（吨标煤/万元）

示例：

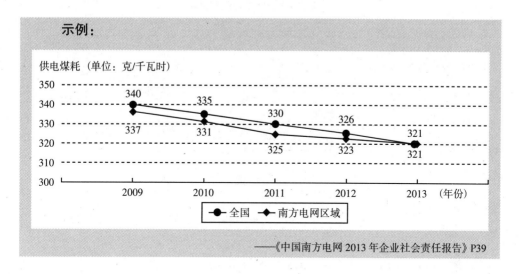

——《中国南方电网 2013 年企业社会责任报告》P39

核心指标　EP2.5 统调水电发电量及成效

指标解读：本指标指年内统调水电发电量，以及相当于节约的标煤。

示例：

公司全年西部水电东送电量 920 亿千瓦时，相当于减少燃烧 2779 万吨标准煤、减排二氧化碳 7391 万吨、减排二氧化硫 54 万吨。

——《中国南方电网 2013 年企业社会责任报告》P39

核心指标　EP2.6 节能发电调度措施和成效

指标解读：本指标指节能发电调度的措施及成效，如电厂燃煤机的脱硫装置监控信息接入率及全网脱硫效率，以及节约电量相当于减少消耗标煤。

示例：

公司连续三年全面开展节能发电调度，优先调用可再生能源、核电、高效火电发电，尽可能以最少的一次能源消耗、最低的环境排放来满足经济社会发展用电需求。2013 年，完成智能化节能发电调度技术支持系统建设。全年节能发电调度减少化石燃料消耗折合标准煤 561 万吨，折合减排二氧化碳 1492 万吨，减排二氧化硫 11 万吨。

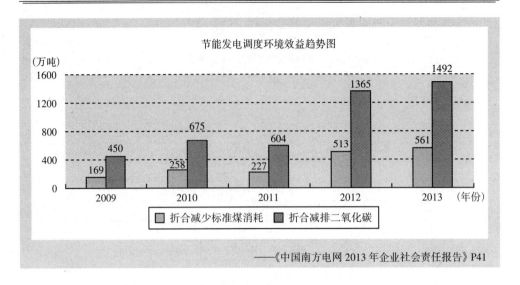

节能发电调度环境效益趋势图

——《中国南方电网 2013 年企业社会责任报告》P41

扩展指标　EP2.7 抽水蓄能化解电网危机次数

指标解读：本指标指企业采取抽水蓄能化解电网危机的次数。

核心指标　EP2.8 发展新能源的措施及成效

指标解读：本指标指企业发展风能、太阳能、生物质能等新能源的措施，新能源年内新增装机容量、并网容量和上网电量。

示例：

公司支持新能源开发利用，逐步提高新能源和可再生能源在电源装机中的比重，主动做好配套项目建设，保障区域内新能源发电并网。全年新能源装机 581 万千瓦，占总装机容量的 2.86%。

● 出台支持新能源发展的指导意见、服务指南和配套细则、标准，严格执行可再生能源电价政策，为新能源特别是分布式光伏发电并网提供便捷高效服务。

● 全年新增光伏装机 30 万千瓦，新增风电装机 110 万千瓦。全网首个居民投资分布式光伏发电项目在广西桂林成功并网发电。

● 南网能源——美的制冷顺德工厂 35 兆瓦屋顶光伏发电示范项目并网运行，是目前单个厂区亚洲最大的光伏屋顶项目。所发电量主要由美的制冷工厂消纳，少量富余电量送入电网。

——《中国南方电网 2013 年企业社会责任报告》P41

核心指标 EP2.9 协助开展"上大压小"的情况

指标解读： 本指标指企业"上大压小"的容量。

示例：

2013 年带动电网上下游实现节能减排。

名 称	电量（亿千瓦时）	标准煤（万吨）	二氧化碳（万吨）	二氧化硫（万吨）
上大压小	—	27	71	0.5

累计带动电网上下游实现节能减排绩效。

名 称	电量（亿千瓦时）	标准煤（万吨）	二氧化碳（万吨）	二氧化硫（万吨）
上大压小	—	1196	3134	23

——《中国南方电网 2013 年企业社会责任报告》P48

---

2. 电网侧节能

核心指标 EP2.10 特高压输电规模及成效

指标解读： 本指标指特高压输送线路的长度、输送的电量；比普通输电节约电量，相当于减少的装机容量、节约标煤。

核心指标 EP2.11 降低线损措施及成效

指标解读： 线损率、折合节约电量相当于节约标煤配电和输电环节节能改造的项目、数量、范围、资金投入，相当于节约标煤。

示例：

公司加强线损精益化管理，从规划、管理、技术、运行等多方面努力降低线损。

● 线损率超过 10% 的县级供电企业减少 25 家。

● 完成汕头等 14 家地市局线损"四分"达标评审，全网地市局线损"四分"管理全部通过网级达标。

● 采用计量自动化系统，实现全网直供直管区域内厂站、配变、专变"三个 100%"覆盖。

● 全年采购非晶合金配变 20796 台，占总数的 65.8%。

● 优化运行方式，减少蓄能损耗 3.9 亿千瓦时、西电东送损耗 2 亿千瓦时。

——《中国南方电网 2013 年企业社会责任报告》P43

核心指标 EP2.12 综合线损率（%）

示例：

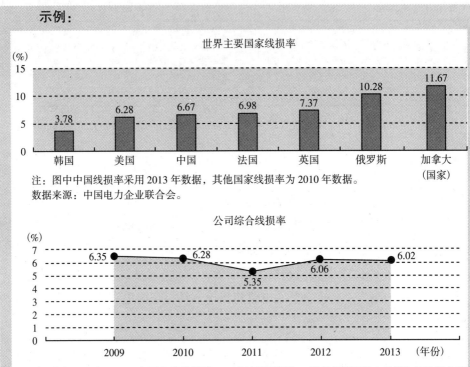

世界主要国家线损率

注：图中中国线损率采用 2013 年数据，其他国家线损率为 2010 年数据。
数据来源：中国电力企业联合会。

公司综合线损率

注：（1）2012 年、2013 年西电东送量比 2011 年有明显增加，跨省长距离输电量增加导致综合线损率同比升高。

（2）2013 年母公司口径线损率为 6.02%，同比下降 0.04 个百分点；全资产口径线损率 7.20%，同比下降 0.05 个百分点。两种口径的出现是因为农电体制改革中，公司陆续接收了 255 个县级供电企业，这些县级供电企业线损率普遍偏高，线损电量叠加到公司线损电量后，导致全资产口径明显高于母公司口径。

（3）随着公司一体化工作深入，我们将在未来逐步统一采用全资产口径。

——《中国南方电网 2013 年企业社会责任报告》P43

核心指标 EP2.13 电网建设项目环境保护情况

指标解读： 本指标指在电建工程中实施"三同时"管理、接受环保部门审查的情况及环评通过率。

> **示例：**
>
> 　　项目前期，开展环境评价。2013 年，公司电网建设项目环评通过率 100%，竣工环境保护验收通过率 100%，全年未发生环保违规事件。
>
> | 指　　标 | 完成情况 |
> |---|---|
> | 新建项目执行环境和社会影响评估率 | 100% |
>
> ——《中国南方电网 2013 年企业社会责任报告》P42&P44

　　扩展指标　EP2.14 电力运行减少噪音影响的措施及成效

指标解读：本指标指减少变电站噪音的措施及达到的标准。

　　核心指标　EP2.15 主要的工业废物数量和处理方式

指标解读：本指标指电网建设和运行过程中主要固体废物的产生数量、处理方法及其循环使用率。

> **示例：**
>
> 　　公司在电网运行全过程融入循环经济理念，严格执行国家标准，妥善处理电网运行中产生的废弃物，最大限度实现废弃资源的回收利用。
>
> ● 将废弃物排放控制在国家标准以内，减少废弃物对环境的污染。
>
> ● 全年变压器废油回收循环利用率接近 100%。
>
> ● 对六氟化硫气体进行回收利用，回收率达 100%。
>
> ——《中国南方电网 2013 年企业社会责任报告》P43

　　3. 客户侧节能

　　核心指标　EP2.16 执行阶梯电价取得的成效

指标解读：本指标指企业同比节约电量，相当于节约标煤。

　　核心指标　EP2.17 助力客户节能的措施及成效

指标解读：本指标指企业帮助客户节能诊断的次数、受益企业的数量；客户节能培训次数、企业数量、参与人数；同比节约电量，相当于节约标煤。

示例：

公司依托南网能源公司和各级节约用电服务中心，整合国内外先进节能技术，搭建开放的节能服务平台，开展节能减排项目，倾力服务客户节能。全年节能诊断客户 1473 家，走访大客户 200 余家。

——《中国南方电网 2013 年企业社会责任报告》P45

核心指标 **EP2.18 节能宣传的措施**

指标解读：本指标指企业节能宣传的方式，以及采取的措施，如编制发放宣传资料、建立节能展示中心等。

示例：

传播节能理念。

公司通过多媒体、网络、微博、微信、宣讲会、节能展厅、营业厅等多种渠道，向社会公众传播节能理念。2013 年"美丽中国"主题节能公益广告在中央电视台投放 881 次，约 1.34 亿人分享了我们的节能理念。

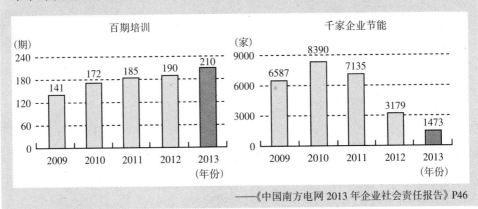

——《中国南方电网 2013 年企业社会责任报告》P46

核心指标 **EP2.19 需求侧节约电量（亿千瓦时）**

指标解读：电力需求侧指电力用电侧，即指需要用电的企业、用户等。电力需求侧管理指在政府法规和政策支持下，采取有效的激励和引导措施以及适宜的运作方式，通过电网企业、能源服务企业、电力用户等共同协力，提高终端用电效率和改变用电方式，在满足同样用电功能的同时减少电力消耗和电力需求，为达到节约资源和保护环境，实现社会效益最优、各方受益、成本最低的能源服务所进行的管理活动。

核心指标　EP2.20 需求侧节约电力（万千瓦）

（三）绿色生态（EP3）

绿色生态主要包括保护生物多样性、生态恢复与治理以及水土保持制度及措施三个方面。

扩展指标　EP3.1 保护生物多样性

指标解读：本指标指电网建设过程中降低对生物多样性影响的措施及成效。

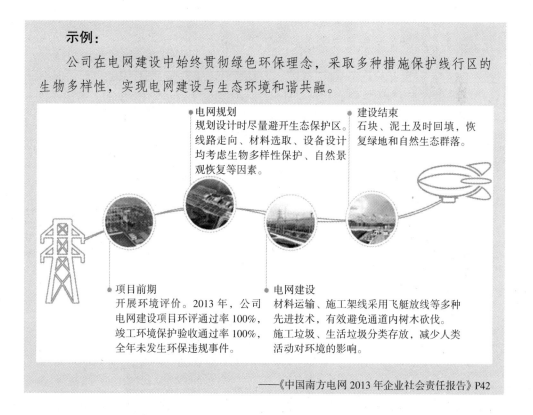

示例：

公司在电网建设中始终贯彻绿色环保理念，采取多种措施保护线行区的生物多样性，实现电网建设与生态环境和谐共融。

●电网规划
规划设计时尽量避开生态保护区。线路走向、材料选取、设备设计均考虑生物多样性保护、自然景观恢复等因素。

●建设结束
石块、泥土及时回填，恢复绿地和自然生态群落。

●项目前期
开展环境评价。2013 年，公司电网建设项目环评通过率 100%，竣工环境保护验收通过率 100%，全年未发生环保违规事件。

●电网建设
材料运输、施工架线采用飞艇放线等多种先进技术，有效避免通道内树木砍伐。施工垃圾、生活垃圾分类存放，减少人类活动对环境的影响。

——《中国南方电网 2013 年企业社会责任报告》P42

核心指标　EP3.2 生态恢复与治理

指标解读：生态恢复治理率＝恢复治理的生态系统面积/受到破坏的生态系统总面积×100%

扩展指标　EP3.3 水土保持

指标解读：本指标指电网企业在电力建设过程中采取保护水土资源的措施，

防止造成人为的水土流失，对因开发建设造成水土注牟的必须负责治理，建立良好生态环境。

七、报告后记（RA 系列）

报告后记部分主要包括六个方面，如图 4-8 所示。

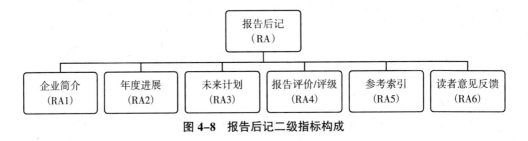

图 4-8　报告后记二级指标构成

（一）企业简介（RA1）

核心指标　RA1.1 企业名称、所有权性质及总部所在地

指标解读：本指标是指主要介绍企业的全称、简称，企业所有权结构，以及企业总部所在的省市。

> **示例**：
>
> 中国南方电网公司成立于 2002 年底，负责投资、建设和经营管理覆盖广东、广西、云南、贵州、海南五省区的南方区域电网，供电面积 100 万平方千米，供电服务总人口约 2.3 亿。公司总部设在广州。
>
> ——《中国南方电网 2013 年企业社会责任报告》P74

核心指标　RA1.2 企业主要品牌、产品及服务

指标解读：通常情况下，企业对社会和环境的影响主要通过其向社会提供的产品和服务实现。因此，企业应在报告中披露其主要品牌、产品和服务，以便于报告使用者全面了解企业的经济、社会和环境影响。

示例：

公司以建设运营电网为核心业务，是关系国民经济命脉和国家能源安全的特大型国有重点骨干企业，承担着保障更安全、更经济、更清洁、可持续的电力供应的基本使命。

——《国家电网公司 2013 年社会责任报告》P6

核心指标 RA1.3 企业运营地域及运营架构，包括主要部门、运营企业、附属及合营机构

指标解读： 企业运营地域、运营企业界定了其社会和环境影响的地域和组织，因此，企业在报告中应披露其运营企业，对于海外运营企业还应披露其运营地域。

示例：

公司经营区域覆盖 26 个省（自治区、直辖市），覆盖国土面积的 88% 以上，供电人口超过 11 亿人。公司稳健运营菲律宾、巴西、葡萄牙、澳大利亚等国家的海外资产。

——《国家电网公司 2013 年社会责任报告》P6

示例：

公司总部共设 21 个部门、1 个直属机构，下设超高压输电公司、调峰调频发电公司、教育培训评价中心（公司党校、干部学院）和招标服务中心 4 家分公司，广东电网公司、广西电网公司、云南电网公司、贵州电网公司、海南电网公司、广州供电局、深圳供电局和南网国际公司（南网国际香港公司）8 家全资子公司，南网科研院、南网综合能源公司、南网财务公司、南网传媒公司与鼎和财产保险股份有限公司 5 家控股子公司。

——《中国南方电网 2013 年企业社会责任报告》P73

核心指标 RA1.4 按产业、顾客类型和地域划分的服务市场

指标解读： 企业的顾客类型、服务地域和服务市场界定了其社会和环境影响的范围，因此，企业应在报告中披露其服务对象和服务市场。

示例：

组织机构——省公司

1 国网北京市电力公司	10 国网安徽省电力公司	19 国网吉林省电力有限公司
2 国网天津市电力公司	11 国网福建省电力有限公司	20 国网黑龙江省电力有限公司
3 国网河北省电力公司	12 国网湖北省电力公司	21 国网内蒙古东部电力有限公司
4 国网冀北电力有限公司	13 国网湖南省电力公司	22 国网陕西省电力公司
5 国网山西省电力公司	14 国网河南省电力公司	23 国网甘肃省电力公司
6 国网山东省电力公司	15 国网江西省电力公司	24 国网青海省电力公司
7 国网上海市电力公司	16 国网四川省电力公司	25 国网宁夏电力公司
8 国网江苏省电力公司	17 国网重庆市电力公司	26 国网新疆电力公司
9 国网浙江省电力公司	18 国网辽宁省电力有限公司	27 国网西藏电力有限公司

——《国家电网公司 2013 年社会责任报告》P7

扩展指标 RA1.5 列举企业在协会、国家组织或国际组织中的会员资格或其他身份

指标解读： 企业积极参与协会组织以及国际组织，一方面是企业自身影响力的表现，另一方面可以发挥自身在协会等组织中的影响力，带动其他企业履行社会责任。

示例：

公司参加的主要社会组织一览表：

参加社会组织的名称	参加形式	参加社会组织的名称	参加形式
中国电力企业联合会	副理事长单位	东亚及西太平洋电力工业协会（简称"亚太电协"）	会员单位
中国内部审计协会电力分会	副会长单位		
博鳌亚洲论坛	钻石会员单位	中国劳动保障全国理事会	会员单位

——《中国南方电网 2013 年企业社会责任报告》P63

扩展指标 RA1.6 报告期内关于组织规模、结构、所有权或供应链的重大变化

指标解读： 本指标主要指企业发生重大调整的事项。企业改革往往对企业本身和利益相关方产生深远影响，企业披露重大调整事项有助于加强利益相关者沟通及寻求支持。

（二）年度进展（RA2）

年度进展主要包括报告期内企业社会责任工作的年度绩效对比表、关键绩效数据表以及报告期内企业所获荣誉列表。社会责任工作绩效对比表主要从定性的角度描述企业社会责任管理及社会责任实践组织机构、规章制度的完善以及管理行为的改进等；关键绩效数据表从定量的角度描述企业社会责任工作取得的可以数量化的工作成效；报告期内公司荣誉表对报告期内企业所获荣誉进行集中展示。

核心指标　RA2.1 年度社会责任重大工作

指标解读：年度社会责任工作进展主要指从战略行为和管理行为的角度出发，企业在报告年度内做出的管理改善，包括但不限于：

（1）制定新的社会责任战略；

（2）建立社会责任组织机构；

（3）在社会责任实践领域取得的重大进展；

（4）下属企业社会责任重大进展等。

核心指标　RA2.2 年度责任绩效

指标解读：年度责任绩效主要从定量的角度出发，披露公司在报告期内取得的重大责任绩效，包括但不限于以下内容：

（1）财务绩效；

（2）客户责任绩效；

（3）伙伴责任绩效；

（4）员工责任绩效；

（5）社区责任绩效；

（6）环境责任绩效等。

核心指标　RA2.3 年度责任荣誉

指标解读：年度责任荣誉指报告期内公司在责任管理、市场责任、社会责任和环境责任方面获得的重大荣誉奖项。

示例：

● 责任荣誉

● 发布 2012 年社会责任报告，连续三年获得五星级评价，荣获"企业社会责任报告评级特别纪念奖"。公司 2012 年社会责任报告在《2013 年中国企业社会责任报告白皮书》评估的 1084 份样本报告中总得分排名第一。

● 中国社科院 2013 年企业社会责任蓝皮书显示，公司在全国 100 强企业社会责任排名中升至第二位，比 2012 年上升 1 位，居于卓越企业行列。

● 贵州电网公司、深圳供电局有限公司 2012 年社会责任实践报告获"金蜜蜂 2013 优秀企业社会责任报告专项奖"。

● 公司在"企业可持续竞争力年会暨 2013 中国企业 50 强公众透明度评价报告发布会"获"2013 中国企业 50 强公众透明度——责任沟通创新奖"。

——《中国南方电网 2013 年企业社会责任报告》P69

（三）未来计划（RA3）

本部分主要描述企业对社会责任工作的展望与规划。

示例：

2014 年，全网用电量增速放缓，资源环境约束增强，电力市场面临较大的不确定性。我们顺应国家深化改革对电网企业的新要求，按照公司战略描绘的发展蓝图，全力抓好各项工作，巩固群众路线教育实践活动成果，不断提升企业核心竞争力，努力为五省区经济发展、社会和谐做出更大的贡献。

在管理提升方面，纵深推进创先工作，充分发挥八个综合管理委员会的作用，加快先进管理体系建设，建立健全常态化工作机制，并将责任层层传递、落实到位。全面推进一体化作业标准体系建设和一体化企业级信息系统建设，进一步提升公司信息化管理水平。

在电力供应方面，不断提高供电可靠性，全网客户停电时间下降 8%，西部地区下降 10%。加大电网建设力度，完成固定资产投资 846 亿元。切实加强风险闭环管控，推进防控措施执行到位。优化应急预案体系，加强与各级政府应急指挥平台之间的互联互通。积极推进科技创新、服务创新，深化成果应用，着力提升供电服务水平。

在绿色环保方面，充分发挥电网企业作为区域能源资源优化配置的绿色平台作用，进一步促进各类电源科学合理发展。实现西电东送电量 1613 亿千瓦时，同比增长 22.7%。实现综合线损率（全口径）7.43%。大力推进客户侧节能服务，完成好"两个千分之三"考核指标，为构建区域生态文明、建设美丽中国贡献力量。

在经济绩效方面，大力拓展电力市场，力争售电量达到 7809 亿千瓦时，主营业务收入 4639 亿元，EVA47.2 亿元。深入推进反腐倡廉建设，全面落实党风廉政建设工作责任制。进一步提升资产管理水平，实现报废资产净值率 16.6%。着眼公司长远稳健发展，争取资产负债率控制在 66.0% 以内。

在社会和谐方面，开展电力普遍服务，加大农网改造升级力度，满足农村经济发展和农民生活改善的用电需求。推进核心人才梯队建设，拓宽专业技术人员发展通道，提升队伍建设科学化水平。深化企业文化建设，打造"幸福南网——职工之家"。加大与利益相关方沟通的力度，继续拓宽合作渠道，实现多方共赢。

——《中国南方电网 2013 年企业社会责任报告》P76

（四）报告评价/评级（RA4）

本部分指社会责任专家或行业专家、利益相关方对报告的评价暨专业机构对报告的评级。报告评价主要有四种形式。

（1）专家点评，即由社会责任研究专家或行业专家对企业社会责任报告的科学性、可信性以及报告反映的企业社会责任工作信息进行点评。

（2）利益相关方评价，即由企业的利益相关方（股东、客户、供应商、员工、合作伙伴等）对企业社会责任报告的科学性、可信性以及报告反映的企业社会责任工作信息进行评价。

（3）报告评级，即由"中国企业社会责任报告评级专家委员会"从报告的完整性、实质性、平衡性、可比性、可读性和创新性等方面对报告做出评价，出具评级报告。

（4）报告审验，即由专业机构对企业社会责任报告进行审验。

（五）参考索引（RA5）

本部分主要描述企业对本报告编写参考指南的应用情况，即对本报告编写参考指南要求披露的各条信息企业进行披露的情况。

(六) 读者意见反馈 (RA6)

本部分主要内容为读者意见调查表，以及读者意见反馈的渠道。

示例:

为了持续改进××公司社会责任工作及社会责任报告编写工作，我们特别希望倾听您的意见和建议。请您协助完成意见反馈表中提出的相关问题，并传真到+86-××-×××××××。您也可以选择通过网络 (http: //www.×××.com) 回答问题。

1. 报告整体评价 (请在相应位置打 "√")。

选　项	很好	较好	一般	较差	很差
本报告全面、准确地反映了××公司的社会责任工作现状?					
本报告对利益相关方所关心的问题进行回应和披露?					
本报告披露的信息数据清晰、准确、完整?					
本报告的可读性，即报告的逻辑主线、内容设计、语言文字和版式设计如何?					

2. 您认为本报告最让您满意的方面是什么?

3. 您认为还有哪些您需要了解的信息在本报告中没有反映?

4. 您对我们今后的社会责任工作及社会责任报告发布有何建议?

如果方便，请告诉我们关于您的信息:

姓　　名:

职　　业:

机　　构：

联系地址：

邮　　编：

E-mail:

电　　话：

传　　真：

我们的联系方式是：

××公司××部门

中国××省（市）××区××路××号

邮政编码：××××××

电话：+86-××-××××××××

传真：+86-××-××××××××

E-mail：××@××.com

第五章　指标速查

一、行业特征指标表（65）

指标名称	定性指标（●） 定量指标（⊕）	核心指标（★） 扩展指标（☆）
电力供应（ES系列）（37）		
电能质量管理	●/⊕	★
累计新增通电用户	⊕	★
客户年平均停电时间、次数	⊕	★
综合停电管理的措施及成效	●/⊕	★
带电作业的次数及成效	⊕	★
重要保供电情况及成效	●/⊕	☆
最大电力缺口	⊕	★
缓解电网"卡脖子"投入的资金、措施及成效	●/⊕	★
"三公"调度实施的措施及成效	●/⊕	★
城市、农网综合电压合格率	⊕	★
按能源使用种类划分的电厂平均使用效率	⊕	☆
大面积停电事故次数及影响的时户数	⊕	★
恶性误操作事故发生次数	⊕	★
电网稳定破坏事故发生次数	⊕	★
电力设施保护的措施及成效	●/⊕	★
停电告知率	⊕	★
用电业务办理进度告知	●	☆
计量公平的保证措施及成效	●/⊕	★
计量故障差错率	⊕	★
呼叫中心的服务管理水平、措施及成效	●/⊕	★
城市、农村营业厅的数量、分布和规范化建设管理情况	●/⊕	★

续表

指标名称	定性指标（●）	核心指标（★）
	定量指标（⊕）	扩展指标（☆）
农电营业窗口达标率	⊕	☆
网上营业厅建设情况	●/⊕	☆
因未缴费而断开的客户数量、次数、持续时间、影响范围	●/⊕	☆
电费电价沟通措施及成效	●/⊕	★
帮助特殊群体安全、便捷用电的措施和成效	●/⊕	☆
电网建设投资额、年度增长率	⊕	★
配电网改造投资额、年度增长率	⊕	★
110 千伏以上输电线路长度	⊕	★
110 千伏以上变电设备容量	⊕	★
重大电网工程建设	●/⊕	★
电网建设沟通	●/⊕	★
智能电网建设及使用情况	●/⊕	★
快速复电的措施及成效	●/⊕	★
大面积停电事故的影响、处理措施和成效	●/⊕	★
故障抢修到场时间	⊕	★
抗击突发自然灾害的措施及成效	●/⊕	★
运营绩效（OP 系列）（5）		
供电量、售电量	⊕	★
单位可控供电成本	⊕	★
降本增效的措施及成效	●/⊕	☆
与电建承包商合作的措施及成效	●/⊕	★
与电厂合作的措施及成效	●/⊕	★
社会绩效（SP 系列）（5）		
自觉维护电力市场秩序、促进电力市场发展的措施及成效	●/⊕	★
规范农电用工的制度与措施	●	☆
农村电网建设、改造情况	●	★
提升农电服务水平的措施及成效	●/⊕	★
少数民族特色供电服务情况	●	☆
环境绩效（EP 系列）（18）		
服务低碳经济发展的措施及成效	●/⊕	★
不同电源类别的装机容量情况及中长期电源结构	●/⊕	★
非化石能源装机容量占比	⊕	★
非化石能源容量发电量占比	⊕	★
统调水电发电量及成效	⊕	★
节能发电调度措施和成效	●/⊕	★
抽水蓄能化解电网危机次数	⊕	☆
发展新能源的措施及成效	●/⊕	★

续表

指标名称	定性指标（●）	核心指标（★）
	定量指标（⊕）	扩展指标（☆）
协助开展"上大压小"的情况	●/⊕	★
特高压输电规模及成效	●/⊕	★
降低线损措施及成效	●/⊕	★
综合线损率（%）	⊕	★
电网建设项目环境保护情况	●/⊕	★
电力运行减少噪音影响的措施及成效	●/⊕	☆
执行阶梯电价取得的成效	●/⊕	★
助力客户节能的措施及成效	●/⊕	★
需求侧节约电量（亿千瓦时）	⊕	★
需求侧节约电力（万千瓦）	⊕	★

二、核心指标表（143）

指标名称	定性指标（●）
	定量指标（⊕）
第一部分：报告前言（RP系列）（7）	
（RP1）报告规范	
RP1.2 报告信息说明	●
RP1.3 报告边界	●
RP1.4 报告体系	●
RP1.5 联系方式	●
（RP2）报告流程	
RP2.2 报告实质性议题选择程序	●
（RP3）高管致辞	
RP3.1 企业履行社会责任的机遇和挑战	●
RP3.2 企业年度社会责任工作成绩与不足的概括总结	●
第二部分：责任管理（RM系列）（11）	
（RM1）责任战略	
RM1.1 社会责任理念、愿景及价值观	●
RM1.3 辨识企业的核心社会责任议题	●
（RM2）责任治理	
RM2.3 建立社会责任组织体系	●

续表

指标名称	定性指标（●） 定量指标（⊕）
RM2.4 社会责任组织体系的职责与分工	●
（RM4）责任绩效	
RM4.4 企业在经济、社会或环境领域发生的重大事故，受到的影响和处罚以及企业的应对措施	●/⊕
（RM5）责任沟通	
RM5.1 企业利益相关方名单	●
RM5.3 利益相关方的关注点和企业的回应措施	●
RM5.4 企业内部社会责任沟通机制	●
RM5.5 企业外部社会责任沟通机制	●
RM5.6 企业高层领导参与的社会责任沟通与交流活动	●/⊕
（RM6）责任能力	
RM6.4 通过培训等手段培育负责任的企业文化	●/⊕
第三部分：电力供应（ES 系列）（42）	
（ES1）可靠供电	
ES1.1 电能质量管理	●/⊕
ES1.2 累计新增通电用户	⊕
ES1.3 客户年平均停电时间、次数	⊕
ES1.4 综合停电管理的措施及成效	●/⊕
ES1.5 带电作业的次数及成效	⊕
ES1.7 最大电力缺口	⊕
ES1.8 缓解电网"卡脖子"投入的资金、措施及成效	●/⊕
ES1.9 "三公"调度实施的措施及成效	●/⊕
ES1.10 城市、农网综合电压合格率	⊕
（ES2）安全生产	
ES2.1 安全生产责任制实施成效	●/⊕
ES2.2 安全生产投入	⊕
ES2.3 施工人员全员持证上岗率	⊕
ES2.4 大面积停电事故次数及影响的时户数	⊕
ES2.5 员工伤亡数	⊕
ES2.7 恶性误操作事故发生次数	⊕
ES2.8 电网稳定破坏事故发生次数	⊕
ES2.9 电力设施保护的措施及成效	●/⊕
ES2.11 安全教育与培训	●/⊕
（ES3）客户服务	
ES3.1 客户关系管理制度	●
ES3.3 停电告知率	⊕

续表

指标名称	定性指标（●） 定量指标（⊕）
ES3.5 计量公平的保证措施及成效	●/⊕
ES3.6 计量故障差错率	⊕
ES3.7 投诉处理的措施及成效	●/⊕
ES3.8 呼叫中心的服务管理水平、措施及成效	●/⊕
ES3.9 客户满意度调查及满意度	●/⊕
ES3.10 城市、农村营业厅的数量、分布和规范化建设管理情况	●/⊕
ES3.14 电费电价沟通措施及成效	●/⊕
（ES4）电网建设	
ES4.1 电网建设投资额、年度增长率	⊕
ES4.2 配电网改造投资额、年度增长率	⊕
ES4.3 110 千伏以上输电线路长度	⊕
ES4.4 110 千伏以上变电设备容量	⊕
ES4.6 重大电网工程建设	●/⊕
ES4.7 电网建设沟通	●/⊕
ES4.8 智能电网建设及使用情况	●/⊕
（ES5）应急管理	
ES5.1 快速复电的措施及成效	●/⊕
ES5.2 应急物资准备情况	●/⊕
ES5.3 安全应急管理机制	●
ES5.4 大面积停电事故的影响、处理措施和成效	●/⊕
ES5.5 故障抢修到场时间	⊕
ES5.6 应急演练的主要情况	●/⊕
ES5.7 抗击突发自然灾害的措施及成效	●/⊕
（ES6）科技创新	
ES6.1 支持创新制度建设	●/⊕
第四部分：运营绩效（OP 系列）（16）	
（OP1）经营业绩	
OP1.1 资产规模	⊕
OP1.2 经营成长性	⊕
OP1.3 利润总额	⊕
OP1.4 纳税总额	⊕
OP1.5 净资产收益率	⊕
OP1.6 经营安全性	⊕
OP1.7 经营状况	●/⊕
OP1.8 供电量、售电量	⊕
OP1.9 单位可控供电成本	⊕

指标名称	定性指标（●）定量指标（⊕）
（OP2）伙伴共赢	
1. 合规管理	
OP2.1 诚信经营的理念与制度保障	●
OP2.2 公平竞争的理念及制度保障	●
2. 责任采购	
OP2.4 采购标准体现社会责任要求	●
3. 供应链管理	
OP2.7 服务供应链发展的措施及成效	●/⊕
OP2.8 促进供应商/承包商履行社会责任的倡议和措施	●
OP2.12 与电建承包商合作的措施及成效	●/⊕
OP2.13 与电厂合作的措施及成效	●/⊕
第五部分：社会绩效（SP 系列）（32）	
（SP1）政府责任	
1. 守法合规	
SP1.1 守法合规体系	●
SP1.2 守法合规培训及绩效	●/⊕
SP1.4 禁止商业贿赂和商业腐败	●
SP1.5 法律风险管理的措施	●
SP1.6 效能监察的措施	●
2. 政策响应	
SP1.7 确保就业及带动就业的措施	●
SP1.9 带动地区经济发展情况	●
SP1.10 自觉维护电力市场秩序、促进电力市场发展的措施及成效	●/⊕
（SP2）员工责任	
1. 基本权益保护	
SP2.1 按雇佣合同（正式员工和非正式员工）和性别分别报告员工总数	⊕
SP2.2 保障公开、公平、公正招聘的制度与措施	●
SP2.3 劳动合同签订率	⊕
SP2.4 集体谈判与集体合同覆盖情况	●/⊕
SP2.5 社会保险覆盖率	⊕
SP2.6 民主管理	●
SP2.7 参加工会的员工比例	⊕
2. 薪酬福利	
SP2.13 薪酬体系	●
SP2.15 福利体系	●
3. 平等雇佣	
SP2.18 女性管理者比例	⊕

续表

指标名称	定性指标（●） 定量指标（⊕）
SP2.20 残疾人雇佣率或雇佣人数	⊕
4. 职业健康与安全	
SP2.21 职业健康安全管理措施及成效	●
SP2.23 职业安全健康培训	●/⊕
SP2.25 体检及健康档案覆盖率	⊕
5. 职业发展	
SP2.26 员工职业发展通道	●
SP2.27 员工培训情况	●/⊕
6. 员工关爱	
SP2.30 确保员工工作和生活平衡	●
(SP3) 社区责任	
1. 本地化运营	
SP3.1 员工本地化政策	●
2. 服务"三农"	
SP3.5 农村电网建设、改造情况	●
SP3.6 减轻农民负担的措施及成效	●/⊕
SP3.7 提升农电服务水平的措施及成效	●/⊕
3. 社会公益	
SP3.9 公益方针或主要公益领域	●
SP3.11 捐赠总额	⊕
SP3.12 支持志愿者活动的措施及绩效	●
第六部分：环境绩效（EP系列）（24）	
(EP1) 环境管理	
1. 环境管理体系	
EP1.1 建立环境管理组织和制度体系	●
EP1.2 环保预警机制及应急机制	●
EP1.4 环保总投入	⊕
EP1.5 环保培训与宣传	●
EP1.6 服务低碳经济发展的措施及成效	●/⊕
(EP2) 节能减排	
1. 电源侧节能减排	
EP2.1 不同电源类别的装机容量情况及中长期电源结构	●/⊕
EP2.2 非化石能源装机容量占比	⊕
EP2.3 非化石能源容量发电量占比	⊕
EP2.4 万元产值综合能耗（吨标煤/万元）	⊕
EP2.5 统调水电发电量及成效	⊕
EP2.6 节能发电调度措施和成效	●/⊕

续表

指标名称	定性指标（●） 定量指标（⊕）
EP2.8 发展新能源的措施及成效	●/⊕
EP2.9 协助开展"上大压小"的情况	●/⊕
2. 电网侧节能	
EP2.10 特高压输电规模及成效	●/⊕
EP2.11 降低线损措施及成效	●/⊕
EP2.12 综合线损率（%）	⊕
EP2.13 电网建设项目环境保护情况	●/⊕
EP2.15 主要的工业废物数量和处理方式	●/⊕
3. 客户侧节能	
EP2.16 执行阶梯电价取得的成效	●/⊕
EP2.17 助力客户节能的措施及成效	●/⊕
EP2.18 节能宣传的措施	●
EP2.19 需求侧节约电量（亿千瓦时）	⊕
EP2.20 需求侧节约电力（万千瓦）	⊕
（EP3）绿色生态	
EP3.2 生态恢复与治理	●/⊕
第七部分：报告后记（RA系列）（11）	
（RA1）企业简介	
RA1.1 企业名称、所有权性质及总部所在地	●
RA1.2 企业主要品牌、产品及服务	●
RA1.3 企业运营地域及运营架构，包括主要部门、运营企业、附属及合营机构	●
RA1.4 按产业、顾客类型和地域划分的服务市场	●/⊕
（RA2）年度进展	
RA2.1 年度社会责任重大工作	●/⊕
RA2.2 年度责任绩效	⊕
RA2.3 年度责任荣誉	●
（RA3）未来计划	●/⊕
（RA4）报告评价/评级	●
（RA5）参考索引	●
（RA6）读者意见反馈	●

三、通用指标表（217）

指标名称	定性指标（●） 定量指标（⊕）	核心指标（★） 扩展指标（☆）
第一部分：报告前言（RP系列）（10）		
（RP1）报告规范		
RP1.1 报告质量保证程序	●	☆
RP1.2 报告信息说明	●	★
RP1.3 报告边界	●	★
RP1.4 报告体系	●	★
RP1.5 联系方式	●	★
（RP2）报告流程		
RP2.1 报告编写流程	●	☆
RP2.2 报告实质性议题选择程序	●	★
RP2.3 利益相关方参与报告编写过程的程序和方式	●	☆
（RP3）高管致辞		
RP3.1 企业履行社会责任的机遇和挑战	●	★
RP3.2 企业年度社会责任工作成绩与不足的概括总结	●	★
第二部分：责任管理（RM系列）（25）		
（RM1）责任战略		
RM1.1 社会责任理念、愿景及价值观	●	★
RM1.2 企业签署的外部社会责任倡议	●	☆
RM1.3 辨识企业的核心社会责任议题	●	★
RM1.4 企业社会责任规划	●/⊕	☆
（RM2）责任治理		
RM2.1 社会责任领导机构	●	☆
RM2.2 利益相关方与企业最高治理机构之间沟通的渠道或程序	●	☆
RM2.3 建立社会责任组织体系	●	★
RM2.4 社会责任组织体系的职责与分工	●	★
RM2.5 社会责任管理制度	●	☆
（RM3）责任融合		
RM3.1 推进下属企业社会责任工作	●/⊕	☆
RM3.2 推动供应链合作伙伴履行社会责任	●/⊕	☆
（RM4）责任绩效		
RM4.1 构建企业社会责任指标体系	●	☆

续表

指标名称	定性指标（●） 定量指标（⊕）	核心指标（★） 扩展指标（☆）
RM4.2 依据企业社会责任指标进行绩效评估	●/⊕	☆
RM4.3 开展企业社会责任优秀案例评选	●	☆
RM4.4 企业在经济、社会或环境领域发生的重大事故，受到的影响和处罚以及企业的应对措施	●/⊕	★
（RM5）责任沟通		
RM5.1 企业利益相关方名单	●	★
RM5.2 识别及选择利益相关方的程序	●	☆
RM5.3 利益相关方的关注点和企业的回应措施	●	★
RM5.4 企业内部社会责任沟通机制	●	★
RM5.5 企业外部社会责任沟通机制	●	★
RM5.6 企业高层领导参与的社会责任沟通与交流活动	●/⊕	★
（RM6）责任能力		
RM6.1 开展 CSR 课题研究	●	☆
RM6.2 参与社会责任研究和交流	●	☆
RM6.3 参加国内外社会责任标准的制定	●	☆
RM6.4 通过培训等手段培育负责任的企业文化	●/⊕	★
第三部分：电力供应（ES 系列）（59）		
（ES1）可靠供电		
ES1.1 电能质量管理	●/⊕	★
ES1.2 累计新增通电用户	⊕	★
ES1.3 客户年平均停电时间、次数	⊕	★
ES1.4 综合停电管理的措施及成效	●/⊕	★
ES1.5 带电作业的次数及成效	⊕	★
ES1.6 重要保供电情况及成效	●/⊕	☆
ES1.7 最大电力缺口	⊕	★
ES1.8 缓解电网"卡脖子"投入的资金、措施及成效	●/⊕	★
ES1.9 "三公"调度实施的措施及成效	●/⊕	★
ES1.10 城市、农网综合电压合格率	⊕	★
ES1.11 按能源使用种类划分的电厂平均使用效率	⊕	☆
（ES2）安全生产		
ES2.1 安全生产责任制实施成效	●/⊕	★
ES2.2 安全生产投入	⊕	★
ES2.3 施工人员全员持证上岗率	⊕	★
ES2.4 大面积停电事故次数及影响的时户数	⊕	★
ES2.5 员工伤亡数	⊕	★
ES2.6 供应商、承包商伤亡数	⊕	☆
ES2.7 恶性误操作事故发生次数	⊕	★

续表

指标名称	定性指标（●） 定量指标（⊕）	核心指标（★） 扩展指标（☆）
ES2.8 电网稳定破坏事故发生次数	⊕	★
ES2.9 电力设施保护的措施及成效	●/⊕	★
ES2.10 二次系统设备技术改造方面的资金投入、措施	●/⊕	☆
ES2.11 安全教育与培训	●/⊕	★
（ES3）客户服务		
ES3.1 客户关系管理制度	●	★
ES3.2 为客户提供服务的效率及成效	●/⊕	☆
ES3.3 停电告知率	⊕	★
ES3.4 用电业务办理进度告知	●	☆
ES3.5 计量公平的保证措施及成效	●/⊕	★
ES3.6 计量故障差错率	⊕	★
ES3.7 投诉处理的措施及成效	●/⊕	★
ES3.8 呼叫中心的服务管理水平、措施及成效	●/⊕	★
ES3.9 客户满意度调查及满意度	●/⊕	★
ES3.10 城市、农村营业厅的数量、分布和规范化建设管理情况	●/⊕	★
ES3.11 农电营业窗口达标率	⊕	☆
ES3.12 网上营业厅建设情况	●/⊕	☆
ES3.13 因未缴费而断开的客户数量、次数、持续时间、影响范围	●/⊕	☆
ES3.14 电费电价沟通措施及成效	●/⊕	★
ES3.15 客户信息保护	●/⊕	☆
ES3.16 违反涉及服务提供的相关法律及规定所受到的处罚情况	●/⊕	☆
ES3.17 帮助特殊群体安全、便捷用电的措施和成效	●/⊕	☆
（ES4）电网建设		
ES4.1 电网建设投资额、年度增长率	⊕	★
ES4.2 配电网改造投资额、年度增长率	⊕	★
ES4.3 110 千伏以上输电线路长度	⊕	★
ES4.4 110 千伏以上变电设备容量	⊕	★
ES4.5 获得优质工程奖项的数量、种类、级别、频次	●/⊕	☆
ES4.6 重大电网工程建设	●/⊕	★
ES4.7 电网建设沟通	●/⊕	★
ES4.8 智能电网建设及使用情况	●/⊕	★
（ES5）应急管理		
ES5.1 快速复电的措施及成效	●/⊕	★
ES5.2 应急物资准备情况	●/⊕	★
ES5.3 安全应急管理机制	●	★
ES5.4 大面积停电事故的影响、处理措施和成效	●/⊕	★

指标名称	定性指标（●） 定量指标（⊕）	核心指标（★） 扩展指标（☆）
ES5.5 故障抢修到场时间	⊕	★
ES5.6 应急演练的主要情况	●/⊕	★
ES5.7 抗击突发自然灾害的措施及成效	●/⊕	★
ES5.8 累计编修应急管理预案数量	⊕	☆
（ES6）科技创新		
ES6.1 支持创新制度建设	●/⊕	★
ES6.2 科技创新获奖情况	●/⊕	☆
ES6.3 年内申请专利数量	⊕	☆
ES6.4 科技工作人员数量及比例	⊕	☆
第四部分：运营绩效（OP 系列）（25）		
（OP1）经营业绩		
OP1.1 资产规模	⊕	★
OP1.2 经营成长性	⊕	★
OP1.3 利润总额	⊕	★
OP1.4 纳税总额	⊕	★
OP1.5 净资产收益率	⊕	★
OP1.6 经营安全性	⊕	★
OP1.7 经营状况	●/⊕	★
OP1.8 供电量、售电量	⊕	★
OP1.9 单位可控供电成本	⊕	★
OP1.10 降本增效的措施及成效	●/⊕	☆
OP1.11 上级单位的考核情况	●/⊕	☆
（OP2）伙伴共赢		
1. 合规管理		
OP2.1 诚信经营的理念与制度保障	●	★
OP2.2 公平竞争的理念及制度保障	●	★
OP2.3 经济合同履约率	⊕	☆
2. 责任采购		
OP2.4 采购标准体现社会责任要求	●	★
OP2.5 责任采购比率	⊕	☆
OP2.6 责任采购措施及成效	●/⊕	☆
3. 供应链管理		
OP2.7 服务供应链发展的措施及成效	●/⊕	★
OP2.8 促进供应商/承包商履行社会责任的倡议和措施	●	★
OP2.9 供应商/承包商社会责任教育的措施及成效	●/⊕	☆
OP2.10 供应商社会责任评估和调查的措施及成效	●/⊕	☆
OP2.11 供应商通过质量、环境和职业健康安全管理体系认证的比率	⊕	☆

指标名称	定性指标（●） 定量指标（⊕）	核心指标（★） 扩展指标（☆）
OP2.12 与电建承包商合作的措施及成效	●/⊕	★
OP2.13 与电厂合作的措施及成效	●/⊕	★
OP2.14 开展国际合作的措施及成效	●/⊕	☆
第五部分：社会绩效（SP 系列）（53）		
（SP1）政府责任		
1. 守法合规		
SP1.1 守法合规体系	●	★
SP1.2 守法合规培训及绩效	●/⊕	★
SP1.3 守法合规审核绩效	●/⊕	☆
SP1.4 禁止商业贿赂和商业腐败	●	★
SP1.5 法律风险管理的措施	●	★
SP1.6 效能监察的措施	●	★
2. 政策响应		
SP1.7 确保就业及带动就业的措施	●	★
SP1.8 报告期内吸纳就业人数	⊕	☆
SP1.9 带动地区经济发展情况	●	★
SP1.10 自觉维护电力市场秩序、促进电力市场发展的措施及成效	●/⊕	★
（SP2）员工责任		
1. 基本权益保护		
SP2.1 按雇佣合同（正式员工和非正式员工）和性别分别报告员工总数	⊕	★
SP2.2 保障公开、公平、公正招聘的制度与措施	●	★
SP2.3 劳动合同签订率	⊕	★
SP2.4 集体谈判与集体合同覆盖情况	●/⊕	★
SP2.5 社会保险覆盖率	⊕	★
SP2.6 民主管理	●	★
SP2.7 参加工会的员工比例	⊕	★
SP2.8 通过申诉机制申请、处理和解决的员工申诉数量	⊕	☆
SP2.9 员工满意度调查及满意度	●/⊕	☆
SP2.10 员工流失率调查及流失率	●/⊕	☆
SP2.11 规范农电用工的制度与措施	●	☆
SP2.12 保护员工个人信息和隐私	●	☆
2. 薪酬福利		
SP2.13 薪酬体系	●	★
SP2.14 保障同工同酬的措施、进展及成效	●	☆
SP2.15 福利体系	●	★
SP2.16 超时工作报酬	⊕	☆

续表

指标名称	定性指标（●） 定量指标（⊕）	核心指标（★） 扩展指标（☆）
SP2.17 每年人均带薪年假天数	⊕	☆
3. 平等雇佣		
SP2.18 女性管理者比例	⊕	★
SP2.19 少数民族或其他种族员工比例	⊕	☆
SP2.20 残疾人雇佣率或雇佣人数	⊕	★
4. 职业健康与安全		
SP2.21 职业健康安全管理措施及成效	●	★
SP2.22 年度新增职业病和企业累计职业病	⊕	☆
SP2.23 职业安全健康培训	●/⊕	★
SP2.24 员工心理健康制度和措施	●	☆
SP2.25 体检及健康档案覆盖率	⊕	★
5. 职业发展		
SP2.26 员工职业发展通道	●	★
SP2.27 员工培训情况	●/⊕	★
6. 员工关爱		
SP2.28 困难员工帮扶投入	●/⊕	☆
SP2.29 关爱特殊群体（如孕妇等）	●	☆
SP2.30 确保员工工作和生活平衡	●	★
(SP3) 社区责任		
1. 本地化运营		
SP3.1 员工本地化政策	●	★
SP3.2 本地化雇佣比例	⊕	☆
SP3.3 高层管理者中本地人员比例	⊕	☆
SP3.4 本体化采购政策	●	☆
2. 服务"三农"		
SP3.5 农村电网建设、改造情况	●	★
SP3.6 减轻农民负担的措施及成效	●/⊕	★
SP3.7 提升农电服务水平的措施及成效	●/⊕	★
SP3.8 少数民族特色供电服务情况	●	☆
3. 社会公益		
SP3.9 公益方针或主要公益领域	●	★
SP3.10 公益基金或基金会	●	☆
SP3.11 捐赠总额	⊕	★
SP3.12 支持志愿者活动的措施及绩效	●	★
SP3.13 海外公益	●/⊕	☆
第六部分：环境绩效（EP 系列）(32)		
(EP1) 环境管理		

续表

指标名称	定性指标（●） 定量指标（⊕）	核心指标（★） 扩展指标（☆）
1. 环境管理体系		
EP1.1 建立环境管理组织和制度体系	●	★
EP1.2 环保预警机制及应急机制	●	★
EP1.3 参与或加入的环保组织或倡议	●	☆
EP1.4 环保总投入	⊕	★
EP1.5 环保培训与宣传	●	★
EP1.6 服务低碳经济发展的措施及成效	●/⊕	★
2. 绿色办公		
EP1.7 办公节水、节电、节纸等措施及成效	●/⊕	☆
EP1.8 因电话、视屏会议减少的差旅次数	⊕	☆
EP1.9 绿化的措施及成效	●/⊕	☆
（EP2）节能减排		
1. 电源侧节能减排		
EP2.1 不同电源类别的装机容量情况及中长期电源结构	●/⊕	★
EP2.2 非化石能源装机容量占比	⊕	★
EP2.3 非化石能源容量发电量占比	⊕	★
EP2.4 万元产值综合能耗（吨标煤/万元）	⊕	★
EP2.5 统调水电发电量及成效	⊕	★
EP2.6 节能发电调度措施和成效	●/⊕	★
EP2.7 抽水蓄能化解电网危机次数	⊕	☆
EP2.8 发展新能源的措施及成效	●/⊕	★
EP2.9 协助开展"上大压小"的情况	●/⊕	★
2. 电网侧节能		
EP2.10 特高压输电规模及成效	●/⊕	★
EP2.11 降低线损措施及成效	●/⊕	★
EP2.12 综合线损率（%）	⊕	★
EP2.13 电网建设项目环境保护情况	●/⊕	★
EP2.14 电力运行减少噪音影响的措施及成效	●/⊕	☆
EP2.15 主要的工业废物数量和处理方式	●/⊕	★
3. 客户侧节能		
EP2.16 执行阶梯电价取得的成效	●/⊕	★
EP2.17 助力客户节能的措施及成效	●/⊕	★
EP2.18 节能宣传的措施	●	★
EP2.19 需求侧节约电量（亿千瓦时）	⊕	★
EP2.20 需求侧节约电力（万千瓦）	⊕	★
（EP3）绿色生态		
EP3.1 保护生物多样性	●	☆

指标名称	定性指标（●） 定量指标（⊕）	核心指标（★） 扩展指标（☆）
EP3.2 生态恢复与治理	●/⊕	★
EP3.3 水土保持	●	☆
第七部分：报告后记（RA 系列）（13）		
（RA1）企业简介		
RA1.1 企业名称、所有权性质及总部所在地	●	★
RA1.2 企业主要品牌、产品及服务	●	★
RA1.3 企业运营地域及运营架构，包括主要部门、运营企业、附属及合营机构	●	★
RA1.4 按产业、顾客类型和地域划分的服务市场	●/⊕	★
RA1.5 列举企业在协会、国家组织或国际组织中的会员资格或其他身份	●	☆
RA1.6 报告期内关于组织规模、结构、所有权或供应链的重大变化	●	☆
（RA2）年度进展		
RA2.1 年度社会责任重大工作	●/⊕	★
RA2.2 年度责任绩效	⊕	★
RA2.3 年度责任荣誉	●	★
（RA3）未来计划	●/⊕	★
（RA4）报告评价/评级	●	★
（RA5）参考索引	●	★
（RA6）读者意见反馈	●	★

管理篇

第六章 报告全生命周期管理

社会责任报告全生命周期管理是指企业在社会责任报告编写和使用的全过程中对报告进行全方位的价值管理，充分发挥报告在利益相关方沟通、公司社会责任绩效监控方面的作用，将报告作为提升公司社会责任管理水平的有效工具。社会责任报告全生命周期管理涉及组织、参与、界定、启动、撰写、发布和反馈七个过程要素，如图 6-1 所示。

（1）组织：建立社会责任报告编写的组织体系并监控报告编写过程；

（2）参与：利益相关方参与报告编写全过程；

（3）界定：确定报告的边界和实质性议题；

（4）启动：召开社会责任报告编写培训会暨启动会；

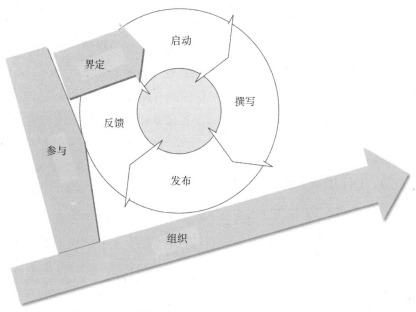

图 6-1 企业社会责任报告全生命周期管理模型

（5）撰写：搜集素材并撰写报告内容；

（6）发布：确定发布形式和报告使用方式；

（7）反馈：总结报告编写过程，向利益相关方进行反馈，并向企业内部各部门进行反馈。

其中，组织和参与是社会责任报告编写的保证，贯穿报告编写的全部流程。界定、启动、撰写、发布和反馈构成一个闭环的流程体系，通过持续改进报告编制流程，从而提升报告质量和公司社会责任管理水平。

一、组　织

（一）建立工作组的原则

建立科学有效的社会责任报告工作组是报告编写的保障。建立工作组遵循以下原则。

（1）关键领导参与。关键领导参与可以将社会责任报告与公司发展战略进行更好的融合，同时保障社会责任报告编写计划能够顺利执行。

（2）外部专家参与。外部专家参与可以提供独立的视角，保障报告的科学性和规范性，能够将外部专业性和内部专业性进行有效的结合。

（3）核心工作团队稳定。稳定的工作团队有助于工作的连续性。

（4）核心工作团队紧密联系。核心工作团队可通过定期会议等形式保持紧密联系。

（二）工作组成员组成

社会责任报告工作组成员分为核心团队和协作团队两个层次。其中，核心团队的主要工作是制订报告编写计划、进行报告编写；协作团队的主要工作是为核心团队提供报告编写素材和建议。工作组具体成员构成如图 6-2 所示。

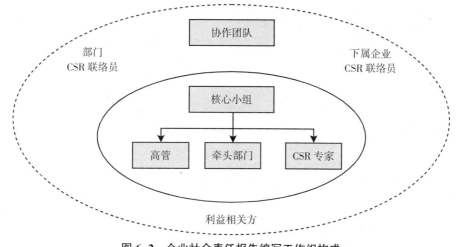

图6-2 企业社会责任报告编写工作组构成

（三）工作组成员分工与职责

社会责任报告工作组成员构成既包括外部专家也包括内部职能部门，既包括高层领导也包括下属企业。在报告编写的前期、中期和后期，各成员分工和职责如图6-3所示。

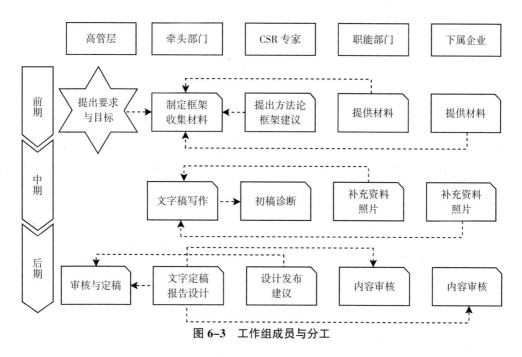

图6-3 工作组成员与分工

案例：华润集团报告编写组织体系

华润集团在社会责任报告编写过程中建立了由集团董事办牵头组织、其他部室和战略业务单元/一级利润中心共同参与的社会责任报告组织体系。集团董事办负责社会责任报告的报送、公告、宣传及推广工作，并组织集团有关部室、战略业务单元/一级利润中心成立报告编制小组，编制版位表，组织报告起草、内容指导、统筹协调、综合统稿、总结评价等工作。

华润集团 2012 年社会责任报告起草小组成员构成为：

主报告：朱虹波、徐莲子、宋贵斌、周文涛、虞柏林、莫炳金、张娜、何叙之、杨坤（集团董事会办公室），章曦（战略管理部），刘辉（人力资源部），何书泉（法律事务部），王学艺（财务部）。

分报告：熊浪（华润五丰），孟兰君（华润饮料），张建春（华润医药），汪红、李宗弦（华润银行），吴志鹏（华润纺织），池丽春（华润物业）。

独立报告：姜艳、马少君（华润万家），姜宇（华润雪花啤酒），杜剑梅（华润电力）。

主报告有关章节责编：朱虹波、徐莲子、宋贵斌、周文涛、虞柏林。

分报告责编：熊浪、孟兰君、张建春、汪红、吴志鹏、池丽春。

策划、组织与统稿：朱虹波。

主编：朱金坤（华润集团副总经理、华润慈善基金会理事长）。

二、参　与

企业在编写社会责任报告的过程中应积极邀请内外部利益相关方参与。参与过程涉及三个方面，如图 6-4 所示。

（1）参与目的：明确企业邀请利益相关方参与时要实现的价值，如了解期望、建立关系、借鉴其知识体系等；

（2）参与者：明确邀请哪类相关方参与以及邀请的具体人员；

（3）参与范围：明确相关方的参与时间和程度。

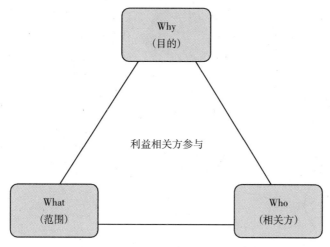

图 6-4　利益相关方参与报告编写的三要素

（一）利益相关方参与报告编写的价值

在报告编写过程中积极邀请外部利益相关方参与具有以下作用。

（1）通过参与了解利益相关方的期望，在社会责任报告中做出针对性回应。

（2）通过参与建立一种透明的关系，进而建立双方的信任基础。

（3）汇集利益相关方的资源优势（知识、人力和技术），解决企业在编写社会责任报告过程中遇到的问题。

（4）通过参与过程学习利益相关方的知识和技能，进而提升企业的组织和技能。

（5）通过在报告编写过程中的坦诚、透明的沟通，影响利益相关方的观点和决策。

（二）识别利益相关方

利益相关方是指受企业经营影响或可以影响企业经营的组织或个人。企业的利益相关方通常包括政府、顾客、投资者、供应商、雇员、社区、NGO、竞争者、工会、媒体学者、行业协会等，如图 6-5 所示。

由于企业利益相关方较多，企业在选择参与对象时需按照利益相关方对企业的影响力以及利益相关方对企业的关注程度进行关键利益相关方识别，如图 6-6 所示。

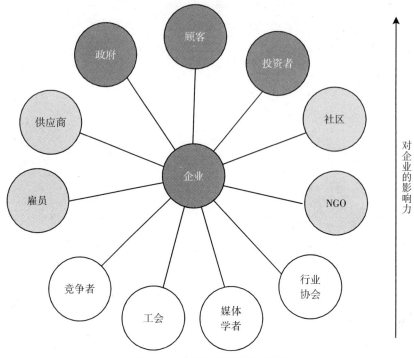

图 6-5　企业利益相关方类型

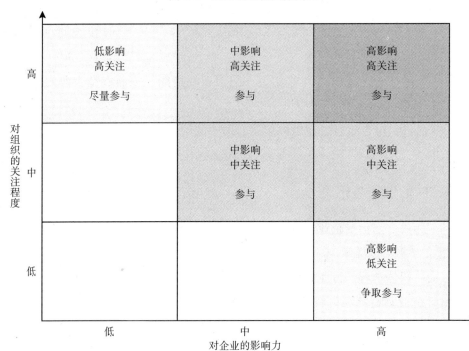

图 6-6　利益相关方筛选原则

（1）对企业具有"高影响高关注"、"中影响高关注"、"高影响中关注"和"中影响中关注"的利益相关方，企业在编写社会责任报告过程中应积极邀请其参与。

（2）对企业具有"高影响低关注"的利益相关方，企业在编写社会责任报告过程中应争取请其参与。

（3）对企业具有"低影响高关注"的利益相关方，企业在编写社会责任报告过程中应尽量请其参与。

（4）对其他利益相关方，企业在社会责任报告编写完成后应履行告知义务。

（三）确定参与形式

在确定利益相关方参与人员后，应确定不同利益相关方的参与形式。按照参与程度划分，利益相关方参与社会责任报告编写主要有三种形式，即告知、咨询与合作，如表6-1所示。

表6-1　利益相关方参与的形式和价值

	性　质	形　式	价　值
告知	被动	①邮件 ②通信 ③简报 ④发布会	将报告编写过程和结果第一时间告诉利益相关方，与相关方建立透明的关系
咨询	积极	①问卷调查 ②意见征求会 ③专题小组 ④研讨会 ⑤论坛	针对性回应利益相关方的期望，倾听相关方意见，与相关方建立信任关系
合作	积极	①联合成立工作组 ②组成虚拟工作组	与利益相关方紧密合作，与相关方建立伙伴关系

案例：中国移动倾听利益相关方意见

中国移动高度重视利益相关方参与和沟通，将利益相关方关注的议题和期望作为社会责任报告的重点内容。中国移动在利益相关方参与和沟通方面的主要做法和经验有：

（1）2010年，中国移动制定《中国移动通信集团利益相关方沟通手册》，对利益相关方沟通的方式、流程和工具进行了规定，确保利益相关方参与和沟通有章可循；

（2）在报告编制前召开利益相关方座谈会，倾听利益相关方对社会责任报告的意见和建议；

（3）开设总裁信箱，总裁信箱设立两年来，近 3000 封来自客户、合作伙伴、员工的信件得到及时回复和妥善处理；

（4）发布《中国移动每日舆情摘要》，对社会公众关注的热点问题及时跟踪和反馈；

（5）积极举办客户接待日、媒体沟通会等利益相关方沟通活动。

三、界　定

（一）明确报告组织边界

报告的组织边界是指与企业相关的哪些组织应纳入报告的披露范围。企业通常可以按照以下四个步骤确定报告的组织边界：

第一步：明确企业价值链

企业按照上游、中游和下游明确位于企业价值链的各个组织体，在明确价值链的基础上，列出与企业有关的组织体名单。一般来说，企业价值链主要构成组织体包括：

（1）上游：社区、供应商；

（2）中游：员工、股东、商业伙伴、NGO、研究机构；

（3）下游：分销商、零售商、顾客。

第二步：根据"控制力"和"影响力"二维矩阵明确报告要覆盖的组织体

列出与企业有关的组织体名单后，企业应根据"企业对该组织体的控制力"和"该组织体活动对企业的影响"两个维度将企业分为四类。其中，A 类、B 类和 C 类三类组织体应纳入报告覆盖范围，如图 6-7 所示。

第三步：确定披露深度

在明确报告覆盖范围后，应针对不同类别明确不同组织体的披露深度：

（1）对 A 类组织体：企业应披露对该组织体的战略和运营数据；

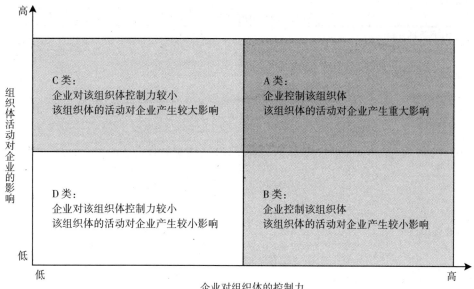

图 6-7　界定报告范围原则

（2）对 B 类组织体：企业应披露对该组织体的战略和管理方法；

（3）对 C 类组织体：企业应披露对该组织体的政策和倡议。

第四步：制订披露计划

在确定披露深度后，企业应根据运营和管理的实际对不同组织体制订相应的披露计划。

（二）　界定实质性议题

实质性议题，即关键性议题，指可以对企业长期或短期运营绩效产生重大影响的决策或活动。企业可以按照以下三个步骤确定实质性议题。

第一步：议题识别

议题识别的目的是通过对各种背景信息的分析，确定与企业社会责任活动相关的议题清单。在议题识别过程中需要分析的信息类别和信息来源如表 6-2 所示。

第二步：议题排序

在识别出社会责任议题后，企业应根据该议题对"对企业可持续发展的影响度"和"对利益相关方的重要性"两个维度对实质性议题进行排序，如图 6-8 所示。

表 6-2　议题识别的环境扫描

信息类别	信息来源
企业战略或经营重点	①企业经营目标、战略和政策 ②企业可持续发展战略和 KPI ③企业内部风险分析 ④企业财务报告等
报告政策或标准分析	①社会责任报告相关的国际标准，如 GRI 报告指南，ISO26000 ②政府部门关于社会责任报告的政策，如国务院国资委发布的《中央企业"十二五"和谐发展战略实施纲要》 ③上交所、深交所对社会责任报告的披露邀请 ④其他组织发布的社会责任报告标准，如中国社会科学院企业社会责任研究中心发布的《中国企业社会责任报告编写指南（CASS-CSR3.0)》等
利益相关方分析	①利益相关方调查 ②综合性的利益相关方对话、圆桌会议等 ③专题型利益相关方对话 ④利益相关方的反馈意见等 ⑤与行业协会的沟通和交流
宏观背景分析	①国家政策 ②媒体关注点 ③公众意见调查 ④高校和研究机构出版的研究报告

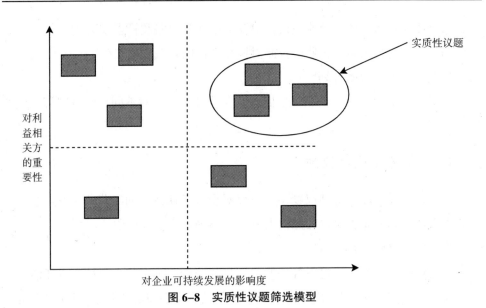

图 6-8　实质性议题筛选模型

第三步：议题审查

在明确实质性议题清单之后，企业应将确立的实质性议题征询内外部专家意见，并报高层管理者审批。

案例：斗山工程机械（中国）实质性议题选择

2012 年，斗山 Infracore（中国）运用公司独有的评价模型，通过内部评估、外部单位评价以及利益相关方调研相结合的方式，导出公司目前的社会责任工作水平和到 2013 年末能够改善的社会责任核心议题及其优先顺序。模型评价结果显示，中国在技术与革新、人才培养、组织文化/人权/劳动等部分获得较好的评价，但在客户价值、环境、企业伦理等部分需要改善。

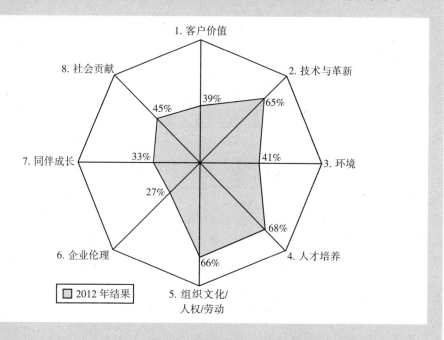

利益相关方调研则显示其共同认为客户价值、技术与革新、同伴成长、人才培养是企业经营的重要部分。通过议题筛选，斗山 Infracore 选择企业伦理、社会贡献、组织文化/人权/劳动、环境部分 4 个议题作为企业社会责任核心议题（韩国总部已成立专门的技术本部来促进技术与革新议题）。

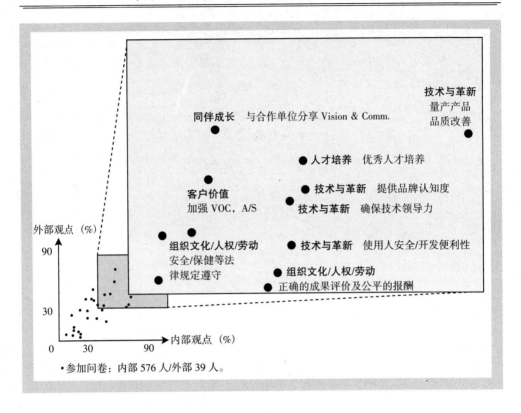

四、启　动

（一）召开社会责任报告培训会

召开社会责任报告培训会的目的是通过培训会确保公司上下对社会责任报告的重要性、编写工作流程形成统一的认识。在组织报告编写培训会时应注意考虑以下因素：

（1）培训会对象，企业社会责任联络人；

（2）培训会讲师，外部专家和内部专家相结合；

（3）培训课件，社会责任发展趋势和本企业社会责任规划相结合。

（二）对社会责任报告编写任务进行分工

在培训启动会上，社会责任报告编写牵头组织部门应对报告编写任务进行分工，明确报告参与人员的工作要求和完成时间。

案例：中国黄金集团社会责任报告编写培训会

2012 年 10 月 25 日，中国黄金集团在北京举办社会责任培训班，集团下属 50 家主要生产企业社会责任专职工作人员参加了培训。培训期间邀请国资委研究局、中国社会科学院经济学部企业社会责任研究中心的领导和专家就国内外社会责任发展情况、社会责任理论等方面进行了讲解，集团公司社会责任主管部门负责人介绍了集团公司的社会责任工作情况，并对集团下一步社会责任工作提出了要求，确定了奋斗目标。培训收到了预期的效果，为集团全面推进社会责任工作奠定了坚实的基础。

五、撰　写

充足、有针对性的素材是报告高质量的保证。企业在收集报告编写素材时可采用但不限于以下方法：

（1）下发部门资料收集清单；

（2）对高层管理者、利益相关方进行访谈；

（3）对下属企业进行调研；

（4）对企业存量资料进行案头分析。

资料清单模板：××公司社会责任报告数据、资料需求清单

填报单位：人力资源部 　　　　　填报人： 　　　审核人：

1. 数据指标。

编号	指标	2008 年	2009 年	2010 年	备注
1	员工总数（人）				
2	劳动合同签订率（%）				
⋮	⋮				

2. 文字材料。

（1）公平雇佣的理念、制度及措施。

（2）员工培训管理体系。

……

3. 图片及视频资料。

（1）员工培训的图片。

（2）文体活动图片。

……

4. 贵部门认为能够体现我公司社会责任工作的其他材料、数据及图片。

案例：北汽集团社会责任信息收集与调研

2013 年，北汽集团启动首份社会责任报告编写工作。为确保资料收集质量，北汽集团采取下发"资料清单"和下属企业走访调研相结合的方式。2013 年 4~5 月，项目共调研了北京现代、北京奔驰、湖南株洲公司、重庆北汽银翔等 11 家下属企业，收集了丰富的材料。

通过下属企业走访调研的方式可以收集到更多一手的材料，同时在调研过程中可以对企业在社会责任方面的疑问进行解答，是一种比较高质量的资料收集方式。

六、发　布

（一）确定报告格式

随着技术发展和公众阅读习惯的改变，企业社会责任报告的格式日趋多样性。目前，企业社会责任报告的形式主要有：

（1）可下载的 PDF 格式；

（2）互动性网络版；

（3）印刷品出版物；

（4）印刷简本；

（5）网页版；

（6）视频版；

（7）APP 版本。

不同的报告格式具有不同的优缺点和针对性，企业应根据以下因素确立最佳报告形式组合策略：

（1）利益相关方的群体性；

（2）不同利益相关方群体的关注领域；

（3）不同利益相关方群体的阅读习惯；

（4）人们阅读和沟通的发展趋势及技术发展趋势。

（二）确定报告读者对象

社会责任报告的目标读者通常包括政府、投资机构、客户、员工、供应商、媒体、非政府组织、行业协会和一般公众等。企业应根据自身情况确定目标读者对象。

（三）确定发布形式

不同的发布形式具有不同的传播效果。通常，社会责任报告的发布形式主要有专项发布会、嵌入式发布会、网上发布、直接递送和邮件发送等，如表 6-3 所示。

表 6-3　报告发布会类型

类　型	含　义
专项发布会	为社会责任报告举办专项发布会
嵌入式发布会	在其他活动中嵌入社会责任报告发布环节
网上发布	将社会责任报告放在互联网上并发布公司新闻稿
直接递送	将社会责任报告的印刷版直接递送给利益相关方
邮件发送	将公司社会责任报告电子版或网站链接通过邮件发送给利益相关方

案例：中国三星报告发布会

2013 年 3 月 18 日，中国三星发布首份"中国三星社会责任报告书"。报告书在人才第一、顾客满足、诚信守法、追求共赢、绿色经营等方面展示了中国三星企业社会责任优秀的事例，在倾听中国社会声音的同时，承诺率先变为"开放的中国三星"。在发布会上，中国三星宣布 2013 年为中国三星企业社会责任（Corporate Social Responsibility，CSR）经营元年，旨在通过更高层次的 CSR 活动，与中国人民以及中国社会一起建设"美丽中国"。同时，为了实现"共享企业社会责任资源和力量"，中国三星与中国社会科学院经济学部企业社会责任研究中心签订了战略合作协议，成立"中国企业社会责任研究基地"。这是中国首家外资企业成立的社会责任研究基地，通过向中小企业开展"企业社会责任公益培训"，让更多的企业投身到履行社会责任的行列中。

七、反　馈

在社会责任报告发布后，企业应总结本次报告编写过程并向外部利益相关方和内部相关部门进行反馈。反馈的主要形式包括但不限于会议、邮件、通信等。反馈的内容主要是本次报告对内外部利益相关方期望的回应和未来行动计划。

第七章 报告质量标准

一、过程性

（一）定义

过程性即社会责任报告全生命周期管理，是指企业在社会责任报告编写和使用的全过程中对报告进行全方位的价值管理，充分发挥报告在利益相关方沟通、公司社会责任绩效监控方面的作用，将报告作为提升公司社会责任管理水平的有效工具。

（二）解读

过程性涉及社会责任报告全生命周期管理中的组织、参与、界定、启动、撰写、发布和反馈七个过程要素。其中，组织和参与是社会责任报告编写的保证，贯穿报告编写的全部流程。界定、培训、编写、发布和反馈构成一个闭环的流程体系，通过持续改进报告编制流程提升报告质量和公司社会责任管理水平。

（三）评估方式

编制报告过程中是否执行了报告管理全过程的规定性工作。

二、实质性

（一）定义

实质性是指报告披露企业可持续发展的关键议题以及企业运营对利益相关方的重大影响。简单地说，实质性是研究企业社会责任报告披露社会责任信息是否"到位"，考察企业社会责任报告"是否涵盖了行业特征议题、时代议题等关键的社会责任议题，以及是否覆盖了受其重大影响的关键利益相关方"。利益相关方和企业管理者可根据实质性信息做出充分判断和决策，并采取可以影响企业绩效的行动。

（二）解读

企业社会责任议题的重要性和关键性受到企业经营特征的影响。具体来说，企业社会责任报告披露内容的实质性由企业所属行业、经营环境和企业的关键利益相关方等决定。

（三）评估方式

内部视角，报告议题与企业经营战略的契合度。

外部视角，报告议题是否回应了利益相关方的关注点。

案例：中国民生银行聚焦实质性议题

《中国民生银行 2012 年社会责任报告》在编写过程中注重实质性议题的披露，报告主体部分分为"完善责任治理，加强责任沟通"、"推进流程改革，打造最佳银行"、"聚焦小微金融，开创发展蓝海"、"服务实体经济，致力金融普惠"、"建设民生家园，关爱员工成长"、"共建生态文明，助力美丽中国"、"投身慈善公益，倾力回报社会"七大领域，较好地反映了民生银行的本质责任和特色实践。

三、完整性

（一）定义

完整性是指社会责任报告所涉及的内容较全面地反映了企业对经济、社会和环境的重大影响，利益相关方可以根据社会责任报告知晓企业在报告期间履行社会责任的理念、制度、措施以及绩效。

（二）解读

完整性从两个方面对企业社会责任报告的内容进行考察：一是责任领域的完整性，即是否涵盖了经济责任、社会责任和环境责任；二是披露方式的完整性，即是否包含了履行社会责任的理念、制度、措施及绩效。

（三）评估方式

（1）标准分析，是否满足了《中国企业社会责任报告指南（CASS-CSR3.0）》等标准的披露要求。

（2）内部运营重点，是否与企业战略和内部运营重点领域相吻合。

（3）外部相关方关注点，是否回应了利益相关方的期望。

> **案例：南方电网公司披露了指南 86.01% 的核心指标**
>
> 《中国南方电网 2012 年企业社会责任报告》共 82 页，报告从"责任管理"、"电力供应"、"绿色环保"、"经济绩效"及"社会和谐"等方面，系统披露了《中国企业社会责任报告编写指南》电力供应业核心指标的 86.01%，具有很好的完整性。

四、平衡性

(一) 定义

平衡性是指企业社会责任报告应中肯、客观地披露企业在报告期内的正面信息和负面信息，以确保利益相关方可以对企业的整体业绩进行正确的评价。平衡性研究企业社会责任报告披露社会责任信息的"对称性"，要求企业社会责任报告不仅要注重对正面社会责任信息的披露，更应该披露企业在报告期发生的责任缺失事件以及企业应对责任缺失事件的制度、措施以及取得的绩效。

(二) 解读

平衡性要求是为了避免企业在编写报告的过程中对企业的经济、社会、环境消极影响或损害的故意性遗漏，影响利益相关方对企业社会责任实践与绩效的判断。

(三) 评估方式

考查企业在社会责任报告中是否披露了实质性的负面信息。如果企业社会报告未披露任何负面信息，或者社会已知晓的重大负面信息在社会责任报告中未进行披露和回应，则违背了平衡性原则。

> **案例：中国石化股份重视负面信息披露**
>
> 2012 年 7 月 23 日，承运商在由广州南沙前往汕头途中，受台风影响有 6 个装载中石化公司生产的聚丙烯产品的集装箱落入香港海域，箱内白色聚丙烯颗粒散落海面，部分颗粒漂至香港愉景湾、南丫岛深湾等附近海滩，引起广泛关注。在《中国石化 2012 年可持续发展进展报告》中，用专题形式对本次事件背景、公司应对和相关方反馈进行了详细披露。

五、可比性

（一）定义

可比性是指报告对信息的披露应有助于利益相关方对企业的责任表现进行分析和比较，研究企业社会责任报告披露的社会责任信息可比较程度，有利于企业利益相关方更好地把握企业的社会责任绩效。

（二）解读

可比性体现在两个方面：纵向可比与横向可比，纵向可比性是同一指标的历史可比性，横向可比性是同一指标的企业之间的可比程度和企业同行业平均水平的可比程度，企业在披露相关责任议题的绩效水平时既要披露企业历史绩效，又要披露同行绩效。

（三）评估方式

考查企业是否披露了连续数年的历史数据和行业数据。

案例：华电集团社会责任报告披露了 61 个可比指标

《中国华电集团公司 2012 年社会责任报告》披露了 61 个关键绩效指标连续 3 年的历史数据，同时披露了多项公司与同行业在环境绩效、责任管理等方面的横向比较数据，具有较强的可比性。

六、可读性

（一）定义

可读性指报告的信息披露方式易于读者理解和接受，可读性强的社会责任报告在结构、条理、语言、表达形式以及设计等方面更便于读者接受。

（二）解读

企业社会责任报告的可读性可体现在以下方面：

（1）结构清晰，条理清楚；

（2）语言流畅、简洁、通俗易懂；

（3）通过流程图、数据表、图片等使表达形式更加直观；

（4）对术语、缩略词等专业词汇做出解释；

（5）方便阅读的排版设计。

（三）评估方式

从报告篇章结构、排版设计、语言、图表等各个方面对报告的通俗易懂性进行评价。

案例：中国兵器工业集团报告可读性优秀

《中国兵器工业集团 2012 年社会责任报告》框架清晰，篇幅适宜；语言简洁流畅，结合大量案例，配图精美，表达方式丰富多样，并对专业词汇进行了解释，可读性表现优秀。

七、创新性

（一）定义

创新性指企业社会责任报告在内容或形式上具有重大创新，即报告在内容和形式方面与以往报告相比是否更为有新意，创新性为企业持续推进可持续报告质量的提高提出了新的、更高的要求。

（二）解读

社会责任报告的创新性主要体现在两个方面：报告内容的创新和报告形式的创新。创新不是目的，通过创新提高报告质量是根本。

（三）评估方式

要将报告内容、形式上与国内外社会责任报告以及企业往期社会责任报告进行对比，判断其有无创新，以及创新是否提高了报告质量。

案例：华润集团社会责任报告注重创新性

《华润（集团）有限公司2012年社会责任报告》通过连环画的形式介绍"走进华润世界"，形式新颖，易于利益相关方理解；通过"品牌树"的方式介绍了公司丰富的产品品牌，易于利益相关方全面了解华润的业务和产品；在形式上，通过"集团报告"和"重点企业报告"两种方式呈现，具有很好的创新性。

附　录

一、参编机构

（一）中国社会科学院经济学部企业社会责任研究中心

中国社会科学院经济学部企业社会责任研究中心（以下简称"中心"）成立于 2008 年 2 月，是中国社会科学院主管的非营利性学术研究机构。中国社会科学院、国务院国有资产监督管理委员会、人力资源和社会保障部、中国企业联合会、人民大学、国内外大型企业的数十位专家、学者担任中心理事。

中心以"中国特色、世界一流社会责任智库"为目标，积极践行研究者、推进者和观察者的责任：

（1）研究者：中国企业社会责任问题的系统理论研究，研发颁布《中国企业社会责任报告编写指南（CASS–CSR1.0/2.0/3.0）》，组织出版《中国企业社会责任》文库，促进中国特色的企业社会责任理论体系的形成和发展。

（2）推进者：为政府部门、社会团体和企业等各类组织提供咨询和建议；主办"中国企业社会责任研究基地"；主办"分享责任——中国企业社会责任公益讲堂"；开设中国社科院研究生院 MBA《企业社会责任》必修课，开展数百次社会责任培训，传播社会责任理论知识与实践经验；组织、参加各种企业社会责任研讨交流活动，分享企业社会责任研究成果。

（3）观察者：出版《企业社会责任蓝皮书（2009/2010/2011/2012/2013/2014/2015)》，跟踪记录上一年度中国企业社会责任理论和实践的最新进展；每年发布

《中国企业社会责任报告白皮书（2011/2012/2013/2014/2015)》，研究记录我国企业社会责任报告发展的阶段性特征；制定、发布、推动《中国企业社会责任报告评级》，为 261 份社会责任报告提供评级服务；主办"责任云"（www.zerenyun. com）平台以及相关技术应用。

中国社科院经济学部企业社会责任研究中心

2015 年 12 月

电话：010-85892434

网站：www.cass-csr.org

微博：http://weibo.com/casscsr

中心官方微信号：中国社科院 CSR 中心

微信公众账号：CSRCloud（责任云）

E-mail：csr@cass-csr.org

地址：北京市东城区建国门内大街 18 号恒基中心办公楼二座 518 室（100005）

（二）研究业绩

1. 课题

（1）国务院国资委：《海外中资企业社会责任研究》，2014~2015 年。

（2）工信部：《"十二五"工业信息企业社会责任评估》，2014~2015 年。

（3）国家食药监局：《食品药品安全事件沟通机制研究》，2014~2015 年。

（4）中国保监会：《中国保险业社会责任白皮书》，2014~2015 年。

（5）国土资源部：《矿山企业社会责任评价指标体系研究》，2014 年。

（6）国务院国资委：《中央企业社会责任优秀案例研究》，2014 年。

（7）全国工商联：《中国民营企业社会责任研究报告》，2014 年。

（8）陕西省政府：《陕西省企业社会责任研究报告》，2014 年。

（9）国土资源部：《矿业企业社会责任报告制度研究》，2013 年。

（10）国务院国资委：《中央企业社会责任优秀案例研究》，2013 年。

（11）中国扶贫基金会：《中资海外企业社会责任研究》，2012~2013 年。

（12）北京市国资委：《北京市属国有企业社会责任研究》，2012 年 5~12 月。

（13）国资委研究局、中国社科院经济学部企业社会责任研究中心：《企业社会责任推进机制研究》，2010 年 1~12 月。

（14）国家科技支撑计划课题：《社会责任国际标准风险控制及企业社会责任评价技术研究之子任务》，2010 年 1~12 月。

（15）深交所、中国社科院经济学部企业社会责任研究中心：《上市公司社会责任信息披露》，2009 年 3~12 月。

（16）中国工业经济联合会、中国社科院经济学部企业社会责任研究中心：工信部制定《推进企业社会责任建设指导意见》前期研究成果，2009 年 10~12 月。

（17）中国社科院交办课题：《灾后重建与企业社会责任》，2008 年 8 月至 2009 年 8 月。

（18）中国社会科学院课题：《海外中资企业社会责任研究》，2007 年 6 月至 2008 年 6 月。

（19）国资委课题：《中央企业社会责任理论研究》，2007 年 4~8 月。

2. 专著

（20）黄群慧、彭华岗、钟宏武、张蒽：《企业社会责任蓝皮书（2014）》，社会科学文献出版社 2014 年版。

（21）钟宏武、魏紫川、张蒽、翟利峰等：《中国企业社会责任报告白皮书（2014）》，经济管理出版社 2014 年版。

（22）张宓、咸东垠、许妍、路浩玉：《中国企业社会责任报告编写指南 3.0 之钢铁业指南》，经济管理出版社 2015 年版。

（23）汪杰、赵建淑、徐晓宇、路浩玉、张宓：《中国企业社会责任报告编写指南 3.0 之仓储业指南》，经济管理出版社 2015 年版。

（24）孙孝文、张闽湘、王爱强、解一路：《中国企业社会责任报告编写指南（CASS-CSR3.0）之家电制造业》，经济管理出版社 2014 年版。

（25）孙孝文、吴扬、王娅郦、王宁：《中国企业社会责任报告编写指南（CASS-CSR3.0）之建筑业》，经济管理出版社 2014 年版。

（26）孙孝文、文雪莲、周亚楠、张伟：《中国企业社会责任报告编写指南（CASS-CSR3.0）之电信服务业》，经济管理出版社 2014 年版。

（27）孙孝文、汪波、刘鸿玉、王娅郦、叶云：《中国企业社会责任报告编写指南（CASS-CSR3.0）之汽车制造业》，经济管理出版社 2014 年版。

（28）孙孝文、陈龙、王彬、彭雪：《中国企业社会责任报告编写指南（CASS-CSR3.0）之煤炭采选业》，经济管理出版社 2014 年版。

（29）彭华岗、钟宏武、孙孝文、张蒽：《中国企业社会责任报告编写指南（CASS–CSR3.0)》，经济管理出版社 2014 年版。

（30）孙孝文、李晓峰、张蒽、朱念锐：《中国企业社会责任报告编写指南（CASS–CSR3.0) 之一般采矿业》，经济管理出版社 2014 年版。

（31）张蒽、钟宏武、魏秀丽、陈力等：《中国企业社会责任案例》，经济管理出版社 2014 年版。

（32）钟宏武、张蒽、魏秀丽：《中国国际社会责任与中资企业角色》，社会科学出版社 2013 年版。

（33）彭华岗、钟宏武、张蒽、孙孝文等：《企业社会责任基础教材》，经济管理出版社 2013 年版。

（34）姜天波、钟宏武、张蒽、许英杰：《中国可持续消费研究报告》，经济管理出版社 2013 年版。

（35）陈佳贵、黄群慧、彭华岗、钟宏武：《企业社会责任蓝皮书（2012)》，社会科学文献出版社 2012 年版。

（36）钟宏武、魏紫川、张蒽、孙孝文等：《中国企业社会责任报告白皮书（2012)》，经济管理出版社 2012 年版。

（37）陈佳贵、黄群慧、彭华岗、钟宏武：《企业社会责任蓝皮书（2011)》，社会科学文献出版社 2011 年版。

（38）彭华岗、钟宏武、张蒽、孙孝文：《中国企业社会责任报告编写指南（CASS–CSR2.0)》，经济管理出版社 2011 年版。

（39）钟宏武、张蒽、翟利峰：《中国企业社会责任报告白皮书（2011)》，经济管理出版社 2011 年版。

（40）彭华岗、楚旭平、钟宏武、张蒽：《企业社会责任管理体系研究》，经济管理出版社 2011 年版。

（41）彭华岗、钟宏武：《分享责任——中国社会科学院研究生院 MBA "企业社会责任" 必修课讲义集（2010)》，经济管理出版社 2011 年版。

（42）陈佳贵、黄群慧、彭华岗、钟宏武：《企业社会责任蓝皮书（2010)》，社会科学文献出版社 2010 年版。

（43）钟宏武、张唐槟、田瑾、李玉华：《政府与企业社会责任》，经济管理出版社 2010 年版。

（44）陈佳贵、黄群慧、彭华岗、钟宏武：《企业社会责任蓝皮书（2009）》，社会科学文献出版社 2009 年版。

（45）钟宏武、孙孝文、张蒽：《中国企业社会责任报告编写指南（CASS-CSR1.0)》，经济管理出版社 2009 年版。

（46）钟宏武、张蒽、张唐槟、孙孝文：《中国企业社会责任发展指数报告（2009)》，经济管理出版社 2009 年版。

（47）钟宏武：《慈善捐赠与企业绩效》，经济管理出版社 2007 年版。

3. 论文

在《经济研究》、《中国工业经济》、《人民日报》等刊物发表论文数十篇。

二、授权推广应用机构

中星责任云（北京）管理顾问有限公司

中星责任云（CSRcloud）是一家中国企业社会责任及公益领域的权威研究咨询机构，公司以"专业创新和大数据促进社会的可持续发展"为使命，秉持"客户第一、专业敬业、团队合作、创新开放"的价值观，与中国社科院、清华大学、北京大学、中国人民大学等科研院所，中国企业联合会、中国电力企业联合会等行业协会，新华网、人民网等主流媒体建立了长期合作关系，服务对象涵盖国家部委、国内外大型企业和非营利组织。

我们的团队：

公司拥有最早一批从事中国企业社会责任研究咨询团队，从业经验丰富，为不同类型企业长期提供社会责任相关咨询服务；同时，公司整合多家国内一流社会责任研究机构，建立了多层次的外部社会责任专家库；目前，公司下设研究部、咨询部、评价部、宣传部以及独立的文化传播公司。

我们的服务：

——学术研究：

● 承接国家部委学术课题；

● 开展社会责任标准研究；

● 追踪社会责任前沿课题。

——报告咨询：

● 社会责任战略与管理体系建设；

● 企业公益战略及管理体系建设；

● 社会责任报告、公益报告咨询；

● 社会责任品牌、公益品牌咨询；

● 社会责任能力、公益项目评估。

——活动策划：

● 企业社会责任定制培训；

● 组织利益相关方交流会；

● 企业社会责任论坛策划；

● 企业社会责任专题展览。

——宣传设计：

● 社会责任报告设计、印刷；

● 公益慈善报告设计、印刷；

● 社会责任微信版（H5）设计；

● 社会责任会议论坛布展、背景板等。

我们的客户：

中国石化、中国民生银行、中国三星等 50 余家国内外大型企业。

我们的品牌：

分享责任系列；责任云微信号（CSRCloud）。

联系我们：

公司地址：北京市东城区建国门内大街 18 号恒基中心办公楼二座 518 室

联系人：王娅郦，wangyl@cass-csr.org，13366005048

三、参考文献

（一）国际社会责任标准与指南

［1］国际标准化组织（ISO）：《社会责任指南：ISO26000》，2010年。

［2］全球报告倡议组织（Global Reporting Initiative，GRI）：《可持续发展报告指南（G4）》，2013年。

［3］联合国全球契约组织：《全球契约十项原则》。

［4］国际审计与鉴证准则委员会：ISAE3000。

［5］Accountability：AA1000原则标准（AA1000APS）、AA1000审验标准（AA1000AS）和AA1000利益相关方参与标准（AA1000SES）。

［6］国际综合报告委员会（IIRC）：整合报告框架（2013）。

（二）国家法律法规及政策文件

［7］《中华人民共和国宪法》及各修正案。

［8］《中华人民共和国公司法》。

［9］《中华人民共和国劳动法》。

［10］《中华人民共和国劳动合同法》。

［11］《中华人民共和国就业促进法》。

［12］《中华人民共和国社会保险法》。

［13］《中华人民共和国工会法》。

［14］《中华人民共和国妇女权益保障法》。

［15］《中华人民共和国未成年人保护法》。

［16］《中华人民共和国残疾人保障法》。

［17］《中华人民共和国安全生产法》。

［18］《中华人民共和国职业病防治法》。

［19］《中华人民共和国劳动争议调解仲裁法》。

[20] 《中华人民共和国环境保护法》。

[21] 《中华人民共和国水污染防治法》。

[22] 《中华人民共和国大气污染防治法》。

[23] 《中华人民共和国固体废物污染环境防治法》。

[24] 《中华人民共和国环境噪声污染防治法》。

[25] 《中华人民共和国水土保持法》。

[26] 《中华人民共和国环境影响评价法》。

[27] 《中华人民共和国清洁生产促进法》。

[28] 《中华人民共和国节约能源法》。

[29] 《中华人民共和国可再生能源法》。

[30] 《中华人民共和国循环经济促进法》。

[31] 《中华人民共和国产品质量法》。

[32] 《中华人民共和国消费者权益保护法》。

[33] 《中华人民共和国反不正当竞争法》。

[34] 《中华人民共和国科学技术进步法》。

[35] 《中华人民共和国反垄断法》。

[36] 《中华人民共和国专利法》。

[37] 《中华人民共和国商标法》。

[38] 《集体合同规定》。

[39] 《禁止使用童工规定》。

[40] 《未成年工特殊保护规定》。

[41] 《女职工劳动保护特别规定》。

[42] 《残疾人就业条例》。

[43] 《关于企业实行不定时工作制和综合计算工时工作制的审批方法》。

[44] 《全国年节及纪念日放假办法》。

[45] 《国务院关于职工工作时间的规定》。

[46] 《最低工资规定》。

[47] 《生产安全事故报告和调查处理条例》。

[48] 《工伤保险条例》。

[49] 《再生资源回收管理办法》。

[50]《消耗臭氧层物质管理条例》。

[51]《废弃电器电子产品回收处理管理条例》。

[52]《关于禁止商业贿赂行为的暂行规定》。

[53]《中央企业履行社会责任的指导意见》。

[54]《中央企业"十二五"和谐发展战略实施纲要》。

[55]《上海证券交易所上市公司环境信息披露指引》。

[56]《深圳证券交易所上市公司社会责任指引》。

[57]《中共中央关于全面深化改革若干重大问题的决定》。

（三）社会责任研究文件

[58] 中国社会科学院经济学部企业社会责任研究中心：《中国企业社会责任报告编写指南（CASS–CSR3.0）》，2014 年。

[59] 中国社会科学院经济学部企业社会责任研究中心：《中国企业社会责任报告评级标准（2013）》，2013 年。

[60] 中国社会科学院经济学部企业社会责任研究中心：《中国企业社会责任研究报告（2009/2010/2011/2012/2013/2014）》，社会科学文献出版社。

[61] 中国社会科学院经济学部企业社会责任研究中心：《中国企业社会责任报告白皮书（2011/2012/2013）》，经济管理出版社。

[62] 中国社会科学院经济学部企业社会责任研究中心：《企业社会责任基础教材》，经济管理出版社，2013 年。

[63] 彭华岗等：《企业社会责任管理体系研究》，经济管理出版社，2011 年。

[64] 国家电网公司《企业社会责任指标体系研究》课题组：《企业社会责任指标体系研究》，2009 年 3 月。

[65] 殷格非、李伟阳：《如何编制企业社会责任报告》，2008 年。

[66] 李伟阳、肖红军、邓若娟：《企业社会责任管理模型》，2012 年。

[67] 全哲洙：《中国民营企业社会责任研究报告》，2014 年。

（四）企业社会责任报告

[68]《意昂集团可持续发展报告（2011~2013）》。

[69]《意大利国家电力公司可持续发展报告（2011~2013）》。

[70]《法国电力公司活动和可持续发展报告（2011~2012)》。

[71]《法国电力公司活动报告（2013)》。

[72]《东京电力公司年度报告（2011~2013)》。

[73]《东京电力公司行动计划——为担负福岛全部责任而制（2013~2014)》。

[74]《韩国电力公司可持续发展报告（2012~2014)》。

[75]《国家电网公司社会责任报告（2012~2013)》。

[76]《中国南方电网企业社会责任报告（2012~2013)》。

[77]《国家电网山东电力集团公司社会责任实践报告（2011~2012)》。

[78]《国家电网浙江省电力公司社会责任实践报告（2011~2012)》。

[79]《国家电网江西省电力公司社会责任实践报告（2011~2012)》。

[80]《中国南方电网广州供电局有限公司社会责任实践（2011~2013)》。

[81]《陕西省地方电力（集团）有限公司社会责任报告（2011~2013)》。

[82]《广州发展实业控股集团股份有限公司可持续发展报告（2011~2012)》。

[83]《国家电网黑龙江鹤岗电业局社会责任实践报告（2011~2012)》。

[84]《四川广安爱众股份有限公司社会责任报告（2011~2012)》。

[85]《四川西昌电力股份有限公司社会责任报告（2011~2012)》。

[86]《国家电网宁夏固原供电局社会责任实践报告（2011~2012)》。

[87]《中国南方电网贵州电网公司社会责任实践（2011~2012)》。

[88]《中国南方电网深圳供电局有限公司社会责任实践（2011~2013)》。

[89]《国家电网北京市电力公司社会责任实践报告（2011~2012)》。

后　记

2009 年 12 月，中国第一份企业社会责任报告编写指南——《中国企业社会责任报告编写指南（CASS 原 CSR1.0)》（简称《指南 1.0》）发布。为了增强《指南 1.0》的国际性、行业性和工具性，2010 年 9 月，《指南 1.0》修订工作正式启动，扩充行业、优化指标、更新案例。2011 年 3 月，《中国企业社会责任报告编写指南（CASS 原 CSR2.0)》（简称《指南 2.0》）发布。《指南 2.0》获得了企业广泛的应用，参考《指南 2.0》编写社会责任报告的企业数量由 2011 年的 60 家上升到 2015 年的 263 家。

为了进一步提升《指南 2.0》的国际性、实用性，引导我国企业社会责任从"报告内容"向"报告管理"转变，2012 年 3 月 31 日，《指南 3.0》编制启动会在北京召开，来自政府、企业、NGO、科研单位等机构的约 100 名代表出席了本次启动大会。为广泛征求《指南 2.0》使用者意见，中心向 100 家企业发放了调研问卷，并实地走访、调研 30 余家中外企业，启动了分行业指南编制工作。

作为第一本电力供应业企业社会责任报告编写指南，《中国企业社会责任报告编写指南 3.0 之电力供应业指南》的编制时间为 2014 年 11 月至 2015 年 4 月。期间，编写组多次组织实地调研电网企业，征求一线生产管理人员的意见和建议。本书是集体智慧的结晶，全书由张闽湘和顾一共同撰写，《中国企业社会责任报告编写指南 3.0 之电力供应业指南》专家组成员对指南提出了针对性的意见和建议。全书由钟宏武审阅、修改和定稿。

中国企业社会责任报告编写指南系列将不断修订、完善，希望各行各业的专家学者、读者朋友不吝赐教，共同推动我国企业社会责任更好更快的发展。

编委会

2015 年 5 月